ハーバード・ジュリアードを首席卒業した私の「超・独学術」

廣津留すみれ
Hirotsuru Sumire

KADOKAWA

はじめに

はじめまして。廣津留すみれです。

この本を手に取ってくださった皆さんはきっと、「ハーバード大学とジュリアード音楽院を首席卒業」というタイトルに注目されたことでしょう。

「日本人が本当にどちらも首席卒業したの？」と思われたかもしれませんが、本当です。

私が、日本の地方の公立高校からハーバード大学に入学したのは２０１２年、18歳のときです。

４年後に同大学を首席で卒業した後は、幼いころから続けてきたバイオリンをさらに極めるべく、同じくアメリカにあるジュリアード音楽院の修士課程に進み、幸運なことにこちらも首席で卒業できました。

そして、現在はニューヨークを拠点にバイオリニストとして活動しつつ、会社を経営しています。

この経歴は、しばしば皆さんに「天才⁉」という誤解を与えるようです。

たしかにハーバード大学は、これまでにジョン・F・ケネディ、ジョージ・W・ブッシュ、バラク・オバマをはじめ、計8人ものアメリカ大統領を輩出しており、マイクロソフトのビル・ゲイツやFacebookのマーク・ザッカーバーグの出身校としても有名であり（この2人は在学中に起業し中退となっていますが）、ジュリアード音楽院も「QS世界大学ランキング」舞台芸術部門において1位に選ばれていて、数多くの音楽家を輩出しています。

こんな伝統校出身ということで「エリート校を卒業したのだから、幼いころから『天才少女』だったのでしょ?」とこれまでに本当に数えきれないぐらい言われてきましたが、私が幼少期に自慢できることは、英語塾をしている母の影響で4歳のときに英検3級を取得できたことや、バイオリンのコンクールで複数回賞をとったことくらいです。

英検については家庭環境が大きかったですし、バイオリンについても、プロで活動している者としては、過去に受賞歴ぐらいは誰しもあるものでしょう。

ですので、私は、自分を天才だとはまったく思っていません。むしろ、自然に囲まれた田舎で**公立小学校から、公立中学、公立高校と通った「普通の日本人」**なのです。

天才とはきっと、「何もしなくても瞬時にすべて理解・習得・実践できてしまう人」のことだと思います。

しかし、私は決してそんな超人ではありません。何もしないでここまで来ることは、とうてい不可能でした。

では、何をしたのかというと——**ごく小さなことの積み重ね**です。

たとえば、「必要のないことはしない」習慣。不得手なことに時間を割かず、したいこと、伸ばしたいことに集中するクセを、子どものころからつけてきました。

集中といえば、いわゆる集中力を上げるのも得意なほうです。

「それこそ生来の才能ではないか」と言われそうですが、これも「必要のないことをしない」習慣があれば意外に簡単。「必要なこと・したいこと」に絞り込めば、集中力や熱意は出てくるものです。

そしてもう一つ、私の最大の強みと言えるのが「淡々と頑張れること」。

頑張る、努力するという言葉にはともすれば暗いイメージが伴いますが、これまた偏見です。少しの工夫で、努力はごく普通にできることです。ときには楽しいものに変わることさえあります。

ごく単純に言えば、

- **時間の無駄をなくす**
- **時間を濃く過ごす**
- **淡々と努力する**

このことを繰り返せば、**「普通の人」は「天才」に匹敵する成果を出せる**、と私は考えています。

この本は、そのノウハウを私の経験に基づいてまとめたものです。そのため、「独学術」としてはいますが、その方法はハーバード・ジュリアードの教授や学友に倣《なら》ったものや、彼ら彼女らと接している中で、思いついたものが多くあり、多くの読者の方にとって役立つもの、応用可能なものだと感じています。

また、時間管理術や集中術、モチベーション術などのほか、アメリカという多文化の国で過ごす中で考えた「グローバル時代の学び方」についても語りたいと思います。

技術の進歩が目覚ましい昨今、「10～20年後には今ある職業の50％がなくなる」とも言われています。

私たちは、この激動の未来に何ができるでしょうか。

また、来るべき未来に備え、何を準備しておけばいいのでしょうか。

そうした未来を前向きに見つめ、自分の可能性を拓いていこうとする人々が、ハーバードにもジュリアードにもたくさんいました。私もまた、その一人です。

「学ぶだけ」で終わらない、自分自身の活かし方とは何か。

「自分の望みを叶える」にはどうしたらいいのか。

そのヒントのかけらをこの本から拾っていただければ、これほど嬉しいことはありません。

廣津留すみれ

目次

第2章

したいこと・すべきことができる「時間管理術」

第3章 深く濃く学ぶための「集中術」

第4章

前に進む、辛くても粘る！「モチベーション管理術」

第5章 忘れない・身につく「インプット法」

第6章 人を動かす「アウトプット法」

第7章 グローバル時代の「学び方」

編集協力　林加愛
ブックデザイン　小口翔平＋岩永香穂＋保延みなみ（tobufune）
ＤＴＰ　エヴリ・シンク
カバー写真　Brandon Ilaw

第1章

公立高校からハーバードへ

——米国で見た最先端の学び方

大学や職業は「望み」のゴールではない

本書の「はじめに」で「望みの叶え方」について語ると言っておきながら、冒頭から意外なことを言わなくてはなりません。

私はずっと、「○○になりたい」という夢をとくに持たずに来ました。

こんな職業につきたい、どこそこ大学に行きたい、といったことをあまり考えないタイプだったので、ましてハーバード大学に進学など、思いもしませんでした。

私が通っていた大分県立大分上野丘高校は県内の進学校で、周囲の友人たちは皆、大学入学を目指していましたが、私は「まあどこかの大学に行くのだろう」程度に構えていました。塾にも一度も通っていません。

そんな私の生活の中心はバイオリンでした。3歳から習い始め、中学に入ってからは毎月東京に通ってレッスンを受けていました。

ならばバイオリニスト志望だったのかというと、そういうわけでもないのです。職業として意識するというより、「ずっとしてきたことだから、ずっと続けたい」と思っていただけでした。

つまるところ私は、「何かを目指してきた人」ではなかったのです。

これは、皆さんが思い浮かべる「成功する人」のイメージとは違うのかもしれません。

何かを成し遂げるには明確な目標を持って早々と準備すべし、とよく言われますね。

しかし私がハーバード大学を目指したのは、高校2年生の3学期からです。

「それでどうして合格できたの⁉」という声が聞こえてきそうですね。

むしろ、「意識しなかったから」できたのでは、と思います。

当時の私が求めていたのは、学歴や職業などの具体的進路志望ではなく、「今していることを続けられる環境」でした。

すなわち、学業と音楽の両立です。

大分上野丘高校ではそれができました。だから大学でも、バイオリンを続けつつ学問もしっかり修められる環境に身を置きたいと望んでいました。

とすると――私の「望み」は決して不明確ではないのです。

具体的ではないものの、これはこれで確固とした目的です。

「○○大学に合格しなきゃ」といった切迫感はないかわり、「○○できたらいいな」という希望があります。大学合格や就職がゴールになるわけではないので、いつまでも目的意識を携えて生きることもできます。

思えば私は、ずっとそうしてきた気がします。

「こうありたい」望みは常に頭の中にあり、それを叶える手段と出会えば、そのつどロックオンして一気に集中するスタイルを貫いてきました。

その代表例であるハーバード大学入学についての話を、まずは語りたいと思います。

「無理」ではなく「できるかも?」がエネルギーの源

そもそもの始まりは高校1年生のとき、イタリアで開かれた国際音楽コンクールで優勝したことです。

そこでいただいた奨学金で、翌2010年春に「全米バイオリン演奏ツアー」を行いました。米国内4州を回り、小さな町からニューヨークのカーネギーホールまで、様々な場所で演奏。これだけでも夢のような経験なのですが、そのあとにさらに大きな体験が待っていました。

「ついでにアメリカの大学を見学していこう」と、軽い気持ちでハーバード大学のキャンパスツアーに参加したのです。

在校生の案内のもと授業や寮を見学するこのツアーで、私はハーバードに魅了されました。ここなら好きなことが何でもできる、と感じたのです。

ハーバード大学は課外活動を奨励する校風を持ち、全学生が学業以外で何らかの活動をしています。しかも、いずれも第一線と言える内容なのです。

フットボールチームに所属する人あり、新聞社で記者を務める人あり、女優としてミュージカルに出演する人あり。音楽と学業の双方を極めたいと思っていた私にとって、理想的な環境がそこにはありました。

加えて、ハーバード大学の多様性にも強く惹かれました。

海外からの学生が10％を占める多文化性だけではありません。寮生活で、ありとあらゆる学問を学ぶ人と密に接触できる点が大きな魅力でした。

ハーバードは全寮制の大学で、周囲には大小様々な寮が約30棟あります。一つの空間の中に、音楽、生物、政治、文学……多種多様な分野を学ぶ学生が集う様子を見ていると、視野が大きく開けていく気がしました。

色々な世界に触れられるということは、私を強く惹きつけるようです。

一つの所にこもるのではなく、傍らに常に異質な分野があり、接触によって刺激を受け続けられる環境を、自然に求めてしまうのです。先ほど述べた、夢を限定させない一面も、その表れかもしれません。

さて、そんな私は、限界もあまり意識しません。**何事も、「無理だ」ではなく「できるかも？」から始める**のです。

実際、大学のホームページを見ると、受験すること自体は決して困難ではないことがわかりました。

わざわざ渡米する必要もなく、出願から合否決定まで、すべて日本でできることがわかったのです。

もう私に、ハーバード大学を受験しない理由はなくなりました。

こうして、高校2年生の2月に「ハーバード受験」を決意したのです。

アメリカの大学は「入試一発勝負」ではない

受験自体は困難ではないと言いましたが、合格ラインは言うまでもなく、極めてハイレベルです。

ハーバードのみならず、アメリカの入試システムは日本と大きく異なります。

一番違うのは、「一発勝負」ではないこと。学力試験だけでなく、様々な角度から見た優秀性を、時間をかけて精査します。

その日のコンディションによって合否が左右される日本型入試のような理不尽さはない反面、「ごまかしがきかない」という厳しさがあります。

とくにハーバードは、世界に冠たる人物を育成する学府としての実績と自負がありますから、それに応え得る知性と人間性を受験生にも求めます。

・リーダーシップや仲間を尊重する姿勢

・社会に貢献する姿勢

・独自の個性や専門性
・体力やメンタルのタフさ

などの要素を高レベルで有しているか否かが、みっちり問われるのです。

学力に関しては、高校3年間の成績・学年順位・高校の推薦状・およびSAT（米国の科目別大学進学適性試験）が基準となります。SATは日本でも年に数回実施されており、何度でも受験できて、うち最高得点のものを送れます。ただし全科目英語で行われるので、英語圏の受験生と同等の英語力が必須です。

課外活動の成果も問われます。突出した技能や専門性は「あって当たり前」の世界。バイオリンで実績を残してきたことは、強いアドバンテージになりました。

そして、「エッセイ」という小論文を2本。ハーバード生の書いたエッセイ集を取り寄せたところ、極めてハイレベルだとわかったので、半年かけて仕上げました。

最終面接はスカイプで受けました。

大分の自宅、それも自分の部屋といういきわめて日常的な場所から試験官と会話。演奏旅行で訪ねた田舎町の話などで盛り上がり、非常に楽しく話せた記憶があります。

合格の知らせが来たのは、高校3年生の12月。

受験を決意した日から1年近く、猛勉強の濃い日々でした。

そしてそこから始まった学生生活は、さらに高い密度を持っていたのです。

1年目は、言葉の壁に四苦八苦

ハーバード大学は、マサチューセッツ州のケンブリッジという街にあります。全体が大学になっているこの大学都市に、大学院も含めて2万1000人もの学生が集結しています。私が入学した「ハーバードカレッジ（4年制の学部）」の学生数も、約6700人に上ります。

このように巨大な大学なのですが、一つ一つの授業は原則15人程度の少人数制。その理由は、入学してすぐわかりました。

学生一人一人の発言を、しっかり拾い上げるためです。

逆に言えば、**発言しないと評価は得られない**ということです。ハーバード大学では、ただ授業に出席するだけでは「出席」になりません。発言して初めて、出席が認められるのです。

ですから皆、どんどん質問し、意見を言います。入学当初、沈黙しがちな私は、よく先生に「どうしたの？」と聞かれました。

最初はそれでとても困りました。言葉がわからないからです。

母が英語塾を主宰している関係で、幼いころから英語には親しんできましたし、入試の猛勉強も追い風になり、英語力は一定のレベルに達していたはずでした。しかし授業で交わされる会話は、勝手が違いました。

カジュアルな言い回しが理解できない、スピードについていけない。非英語圏出身の先生は教科書で習う英語とアクセントや発音が違うので、これまた謎の言語でした。

発言どころか、そもそも授業内容がわからなかったのです。

そこで、とりわけピンチだった科目の教授に相談のメールをしました。

「それなら、毎週私のオフィスに来なさい」と言っていただき、補習でのフォローを受けることができました。

このように、積極性を厳しく問うハーバードは、やさしい大学でもあります。どの授業でも、「フェイル（落第）」を出すことはあまりありません。先ほど述べた通り、ハーバード生の1割は米国外からの学生なので、語学のハンデを埋める体制は万全なのです。

先生方は私が慣れるまでゆっくり質問を投げかけ、少しでも多く発言できる機会を与えてくださいました。

さて「慣れるまで」と言いましたが、語学というものは話してさえいれば、必ず慣れます。友人同士の会話の尋常でない速さも、飛び交うスラングも、1年後にはわかるようになっていました。

しかし、話さない限り上達はありません。私の場合、わからない・できないことをそのつど正直に伝えたことが幸いしたと思います。

授業についていけない、と教授本人にメールしたのもその一つ。

「できない子と思われたくない」とか、「先生にそんなことを言うなんて」などと思っていたらそこで終わりです。**「わかりません」「助けて」を堂々と言えることも、初めての環境をサバイブする上で不可欠と言える**でしょう。

社交術は見よう見まねで会得

授業のみならず、将来に関するバックアップも懇切でした。

ハーバード大学は「世界のリーダーになる人材を育てる場所」を自任しており、そのためのケアを惜しみませんでした。

と言っても、手取り足取りガイドしてくれたわけではありません。

いきなり実地体験——フォーマルな社交の場を数多く設けて、参加を促すのです。

学期末には毎回、学校主催のダンスパーティが行われます。寮ごとに行うパーティもありますし、財界や政界の著名人が集まる寄付金集めのパーティもしょっちゅう開かれます。

学生にとっては、人脈を築く絶好のチャンス。招待客も、有望な学生を見つけたいという意識が少なからずあります。

授業と同じく、ときにはそれ以上に、積極性が求められる場面です。

最初はやはり緊張しました。テーブルマナーも、ドレスアップの仕方も知らない18歳が、各界のセレブリティが談笑している場に、物怖じしないで馴染まなくてはいけないのですから。

ここで使える方法はただひとつ。「見よう見まね」です。

ほとんどの1年生は私と同様右も左もわからない状態ですが、中には「名門家庭の子女」がいます。お坊ちゃま・お嬢様はフォーマルな場に慣れているので、彼らの様子をお手本にすれば要領はつかめます。

服装や作法もさることながら、驚かされたのは彼らの「落ち着き」でした。

人の輪にタイミングよくスッと入り、自己紹介と握手。自分のしていること、したいことを簡潔に伝えつつ、ジョークを時折挟む様子は、まさに洗練のひとこと。

そうしたエレガンスを、私がすぐ身につけられたかどうかはわかりませんが……これこそ「肝」だ、と思った知恵があります。

それは、**「自信がなくても自信ありげに振る舞う」**こと。

私を含め、周囲の「パーティ初心者」は皆これを実践していました。

「こうした場に慣れていますよ」という顔で振る舞えば、そのうち本当に慣れるものです。勉学だけでなく、こうした度胸のつけ方を学べたことも、ハーバードで得た貴重な財産だったと思います。

副専攻「グローバル・ヘルス」で問題解決力を鍛える

アメリカの大学では、入学時に文系・理系を決める必要はありません。そのため、入試も受験生全員が同じで、日本のように学部別に問題が分かれていません。1年目も、専門分野を選ばずに何でも学べます。

専攻を選ぶのは2年次。私はまずは応用数学、そして社会学を経て「音楽」と「グローバル・ヘルス」を選びました。後者は、日本ではあまり知られていない学問分野です。

この分野を選ぶきっかけをつかんだのは、日本に戻っていたときのこと。

2013年より、私は母と共同で「Summer in JAPAN」というプロジェクトを運営しています。ハーバード生を日本に招き、子どもたちに英語で様々なことを教えるサマーキャンプですが、中には講演会やコンサートなど、イベントも多数あります。

その年は福岡で医療フォーラムを開き、ハーバードビジネススクール卒の公衆衛生の専門家をパネリストにお招きしました。

日米のヘルスケアの違いについての専門的な話、日米の医学生のディスカッションなどを通して、私は医療の世界に興味を持ちました。

と言っても、私は医学や生物学に携わりたいわけではありません。別の形で、世界の医療問題を解決できる学び方はないか……と考えて探し当てたのがこの分野でした。

グローバル・ヘルスは、世界中の様々な健康問題を調査し、対処法を創出する学問です。

たとえば、次のようなテーマを取り扱います。

問題：エボラ出血熱のワクチンを作るための血液サンプルをどう集めるか。

背景：アフリカでエボラが蔓延していた時期、血液を集めようにも人を1か所に集めることができない。一般市民の予防のための知識も著しく不足している。

これは私が、個人として東京大学のプロジェクトに参加したときに実際に取り組んだテーマです。

皆さんなら、これをどう解決しますか？

私は、その地域の文化や識字率、市民の生活パターン等を徹底的に調査し、方策を考えるというチームに参加させてもらいました。

最終的に取り組んだ解決策は、「パブリックビューイングを使う」というもの。

比較的人が集まりやすい場所にスクリーンを設営し、エボラの危険性と、予防策を伝えます。こうして問題意識を喚起した上で、血液検査の日程と場所を告知。これで予防・治療・サンプル収集の3つの目的を果たすことができます。

ごく簡単にお伝えしましたが、この結論に至るまでのプロセスは非常に複雑で、的確な情報収集力・思考力、そして発想力が問われます。

今現在も解決していない問題となると、これまでに試されたことのない新しい方法を編み出さなくてはなりません。

「すでにある正解を見つける」力ではなく、「正解を創り出す」力が常に問われました。

医療のみならず、他のあらゆる課題に取り組む上での解決力も、この授業を通して鍛えられたのではないかと感じています。

ヨーヨー・マと共演、そして首席卒業へ

私の主専攻である音楽学科には、実技の授業はありません。しかしハーバードには音楽家を目指す学生が大勢おり、実際に、大ヒットミュージカル「ウェスト・サイド・ストーリー」で有名なレナード・バーンスタインや世界的チェリストであるヨーヨー・マなど、名だたる音楽家を輩出しています。

私はこの学科で作曲等を学んだほか、課外活動として3つのグループでバイオリンを弾いていました。

弦楽アンサンブルでは部長を、学内最大のオーケストラHarvard Radcliffe Orchestraではコンサートマスターを務めました。

こうした立場にあると、大学主催のセレモニーやイベントで演奏する機会が増えます。そんなセレモニーの一つで、私は思わぬ機会に恵まれました。

聴衆席に、あのヨーヨー・マが創立した「シルクロード・アンサンブル」のディレクターがおり、私の演奏に注目してくださったのです。

それがきっかけで、「ヨーヨー・マとハーバード大学で共演」という夢のような機会が実現しました。

ヨーヨー・マの素晴らしい芸術と人間性から学んだことは数知れません。それについてはまた後ほど語りますが、この共演が決まったときに感じたのは、**「一つ一つの仕事を丁寧に行う」ことの大切さ**でした。

昔から、バイオリンの先生に「誰がどこで聴いているかわからないから、どんな演奏会でも一生懸命弾くのよ」と言われてきた私は、規模の大小にかかわらず手を抜かずに演奏することを信条としていました。

このときも、聴衆席にディレクターがいるとはつゆ知らぬまま、いつものように心を込めて弾きました。

こうした誠実さ、几帳面さは、学問でも音楽でも重要だと思います。

私がハーバード大学で首席を取れたのも、結局のところ、こうしたことの積み重ねだったのではないでしょうか。

学業における私の「積み重ね」は、授業で発言することと、教授とこまめにコミュニケーションをとること。一見地味ですが、それがいざというとき力を発揮します。

「したいこと」があるとき、それを広く伝えて協力を得る基盤が整うのです。

と言うのは、「首席の決め手」は私が卒業論文のシステムを変える提案をしたことにあったと思うからです。

それまで、卒業論文の形式は記述式のみでした。

しかし、私は音楽学科である以上、「リサイタル」も卒業論文の要素として加えたほうがよい、と教授陣に直談判。学校側も、かねてから実技に優れた学生の評価をもっと評価に反映できないか、と考えていたところだったそうです。

承認後は、学生の実力をできる限り正確に反映できるシステムを、先生方と何度も話し合って作り上げていきました。

こうした積極性や提案力が、卒業時の評価につながったのでしょう。

その「いざというときの積極性」も、日ごろいかに人と関わり、密な信頼関係を築いているかが決め手になるのです。

頂上から見えた、別の山
――ジュリアード音楽院への進学

ハーバードに「音楽専攻」があることに意外な思いを抱かれた方は多いでしょう。たしかに日本では、東大や京大で音楽を学ぶことはできません。その場合は芸術大学に進むのが常道。学問と芸術との間は、きっちりセパレートされています。

しかしアメリカでは、芸術系の学科を設けている総合大学は決して珍しくありません。**アメリカでは、「優れた人物」をいわゆる頭の良さだけでは測らない価値観があります。勉学に秀でるだけでなく、アートに関しても優れた感性を持つことが重視される**のです。よき表現者、よき鑑賞者であろうとする風土が一般市民の中にも浸透しており、そのための教育も充実しています。

ハーバードがあるボストン周辺は、とくにその色彩の強い街でした。

そしてもう一つのアートの街というと、ご存じニューヨークです。

私は、このもう一つの街で、バイオリンをさらに極めたくなりました。

ジュリアード音楽院の大学院に進もう、と考えたのです。

「ハーバードに行ったのに、まだやるの⁉」と言われそうですが、私に言わせれば、むしろハーバードに行ったからこそ、生まれた希望でした。

高い山に登ると、大きく眺望が開けますね。その視界の中には他の山も入ってくるはずです。そうしたら「あの山に登れば何が見えるだろう」と思いませんか？

私はそう思うのです。登るにつれて違う景色が次々に開けて、この先には何があるのか、知りたくなるのです。

「そうしたくても、できない人もいます」という声も聞こえてきそうですね。

まったくその通りです。私も、やってみてダメだったことはいくつもあります。その場合はさっさと方向転換。そしてまた別の景色を探します。

確かなのは、試す前から諦めないことです。

世の中には、「できないこと」の中に、「やる前から諦めていること」がいっぱい混じり込んでいる人が多いように思えてなりません。

それはあまりにももったいないことではないでしょうか。

ジュリアードとハーバードは対照的

ジュリアード音楽院は、ハーバードとは対照的な学校でした。

みんなおしゃれで美男美女。とくに演劇や舞踊系の専攻は美形ぞろいでした。

ハーバードはと言えば、知性をのぞかせつつも素朴な面立ちの人が多かったように思います。服や顔に気を遣う暇があったら勉強したい、と思うタイプがほとんど。

ハーバード1年目のとき、日本人の平均的な「女子大生ファッション」で登校したところ、「なぜドレスアップしているの?」と聞かれたことがありました。

皆がそういう感覚ですから、普段の「かまわなさ」は推して知るべし。シャツとデニム、もしくは校内で買えるハーバードのロゴ入りジャージ。ノーメイクの女子学生も珍しくありません。

が、そんなハーバード生もパーティのときだけは豹変します。タキシードとドレスでビシッと決めてきます。そう考えると、ハーバード生にとっての「服装」は、TPOに合わせた何通りかの制服のようなものかもしれませんね。

学生生活も対照的でした。ハーバードでは、授業・課題・課外活動と、常に複数のタスクを並行させる生活。スケジュールはいつも真っ黒、時間のやりくりをいかにうまくやるかが一大テーマでした。

ジュリアードの生活も多忙ではありましたが、「4時間スタジオにこもって練習」など、一つのことにどっぷり浸かることが多かったように思います。試験やコンサートを控えたときには、10時間練習も珍しくありませんでした。

しかし私は、「音楽一辺倒」にならないことを心がけていました。練習室にこもるだけの毎日は単調になりがちです。それは表現の上でも決してプラスにはならないと思っていました。

そこでハーバード時代と同じく、精力的に活動をしました。学内のオーケストラではコンサートマスターを務めていたため、演奏技術だけでなくリーダーシップも発揮しなくてはなりません。2年間組んでいたカルテットでもリーダー役だったので、チームワークを最大限に引き出すには、と常に考えていたように思います。

このカルテットは、2017年に日本公演も行っています。その費用は、クラウドファンディングで募りました。

ジュリアードでも首席を取れたのは、演奏技術だけでなく、これらの積極的な姿勢も評価されたからだろうと思います。

激動の時代を生き抜く知恵——専門性は2つ持て！

2018年5月、ジュリアード大学院を卒業しました。

とすると「次は就職？」と考えるのが日本流でしょう。

しかしアメリカの学生、とくにハーバード生は「企業に就職したらゴール」という考え方はしません。

自分の興味の赴くままに進路を変えるのが彼らの流儀。大学を卒業した後の3年弱の間に、5回転職した友人もいます。

その理由は、自分に合った場所を見つけたいからだけではありません。

多くの場所を経験して、そのつど違うスキルを付けることが、今後のビジネス界をサバ

イブする知恵だ、と考えるのです。

それは「色々なことがまんべんなくできるように」ということではありません。**「突出した技能を複数個持てるように」**ということです。

今、世界では第一線の働き手の「専門性」を重視する流れが強まっています。

アメリカではとくにその傾向が強く、修士課程卒はマスト。名門大学出身でも、学部卒では通用しないケースは多々あります。

学生もその流れは察知しています。いったん就職して学費を稼いで修士課程に戻り、専門分野を極めて再び社会に出ていく、というコースが、近年一つのパターンになっています。

その専門分野が、もし1つではなくて2つあれば、人材の希少価値はぐっと上がります。もし3つなら、最強かもしれません。

私も正直なところ、「もう1つ専門分野があれば」と思っています。

今はバイオリニストとして演奏しつつ、先般、ニューヨークでエンタテイメントの会社を立ち上げました。ハーバードで学んだグローバル・ヘルスも、この先何らかの形で生かせないかと考えています。

それが、どのような形になるかはわかりません。音楽家・起業家という仕事にどうそれを掛け合わせていくかも未知数です。

しかしこの先、私自身も驚くような「掛け合わせ」が起こるのではないか……そんな期待で、ワクワクしています。

第2章

したいこと・すべきことができる「時間管理術」

「タイムマネジメント」は人生のキーワード

ハーバード生は「作業効率」という言葉が大好きです。最短で最大の結果を出す方法は何か、常に考えて行動します。

1日24時間、誰もが平等に与えられているこの資源をいかに有効に使うか。タイムマネジメントは私にとっても、人生の一大テーマです。

今振り返ると、幼いころから時間の使い方は意識していました。これはとりもなおさず、私が忙しい子どもだったからです。

学校、宿題、バイオリンの練習。中学入学後はレッスンのための毎月の東京通いも加わりました。土曜日に大分と東京を日帰りで往復、日曜日には学校の宿題を全部終えるというスケジュール。1分たりともムダにできない生活でした。

東京までの移動スケジュールの管理も自分で行っていました。

飛行機の発着時刻を調べてチケットを予約し、羽田から新宿まで移動。細かな手続きをするなかでネットを操るスキルも上がった気がします。

毎晩「明日のTODOリスト」を作るのも日課でした。

これは母の影響が強いようです。母も毎日TODOリストを書いてから活動を始める習慣があったのですが、幼い私はこれを「面白そう」と感じたらしく、自然に真似し始めたそうです。

すべきことを思いつくままに書き出し、優先順位を決めて、重要でないことは省略。残ったタスクを上から順にどんどん消していく、というビジネスマンのような作業をしていました。

その中で、時間の使い方や段取りを「自分で考える」ことが当たり前になっていきました。親にあれこれ用意してもらわずに、東京日帰り往復をこなせたのもこの習慣のおかげです。

今でも、リスト作りは大好き。とくにリストを消す瞬間が好きです。

日々の多忙さを、「タスク」という敵を倒すゲームのように捉えているので、消すたびに達成感と高揚感が得られるのです。

高校時代は塾通いゼロ、宿題は丸写し！

TODOリストを書く習慣は、タスクの重要度を見極めるトレーニングにもなりました。それは日々の用事にとどまらず、「私の人生に必要なこととそうでないこと」を意識する姿勢にもつながりました。

勉学とバイオリンは、子ども時代の私の重要な2本柱でした。

バイオリンに関わることはいずれも、週末の東京往復も含め、時間をかける価値のあるものでした。

一方、学校生活を送る中では、「ムダでは？」と思うこともありました。

たとえば、たいていの子が通っている進学塾。教育熱心なご家庭ほど「いい塾に通っていい大学に入る」ことを追求しますが、学校でも教わることをもう一度、塾で習う必要があるでしょうか。

そういうわけで、廣津留家は塾通いをしない方針をとっていました。

もう一つ、ハーバードの受験準備を進めていたころに母の勧めで行っていたことがあります。それは「宿題丸写し」。

高校3年生当時、学校では「国立大入試対策問題」が毎日の宿題になっていました。SATの勉強とバイオリンの練習に加えて、宿題までこなすのは至難の業。そこで、添付されている解答を、そのまま丸写ししてしまうことにしました。

ちょっと待ってください！　これはズルではありません。写した解答や解法はその場で咀嚼《そしゃく》して覚えるので、きちんと学習したことにはなるのです。自分で問題を解く時間を省略しただけです。

ハーバードを目指していた私にとって、国立大受験は目的の外にありました。

しかし国立大受験クラスに属している以上、生徒の義務として、宿題は提出しなくてはなりません。となれば、**そこにかける時間をとことん圧縮するのが合理的な解決法です。**

不要なことに時間をかけるのは、モチベーションの上でも悪影響です。「する必要のないこと・したくないこと」に携わる時間は、「やらされ感」に満ちた時間にほかなりません。

タスクを「したいこと・そのために必要なこと」に絞り込めば、熱意が追い風になって、時間を濃く使えます。

当然、それは成果に表れるでしょう。勉強も仕事も、意味のあることだけに打ち込めたら、人生全体の幸福度も、格段に上がるのではないでしょうか。

試験勉強は「概観↓反復」が最強

タスクの中には、長いスパンを持つものもあります。

試験勉強はその典型ですし、大学の課題でも、チームを組んで調査に当たるプロジェクト的なものがあります。

しかしどの場合も、私はまず全体を概観します。全体像をつかんで初めて、時間配分ができるからです。

たとえば高校の定期テストで、範囲が教科書60ページ分、その科目の試験日までは2週間あるとしましょう。

ここでよくある間違いは、「60ページを日数で割る↓1日5ページ弱を、冒頭からみっちり読み込んでいく」という手法をとってしまうことです。

「みっちり読む」＝完璧に理解するまで読むということだとすると、それは事前のイメージよりも必ず時間がかかります。毎日の生活の中では、予定外の急な用事が舞い込んだりもします。**進捗状況は、きっと予定よりもジリジリと後ろ倒しになっていく**でしょう。

ここは、最初の1日で、60ページ全部にサッと目を通すのが正解です。

最初に大まかな内容を頭に入れると、どこが重要ポイントで、どこが枝葉末節かがわかります。「この辺はテストに出そうだな」といった予測もできます。

その上で、時間配分を考えます。

重要度に合わせて時間を割り振っていく方法を取るのが「王道」なのでしょうが、一度さらっと読んだだけでは所要時間の判断がつきにくいことも。ここで割り振りに手間取って時間をかけてしまっては、本末転倒です。

ここは、**もっとも単純な「反復」がおすすめです**。私は高校時代、定期試験で毎回この方法を実践していました。

最初の1週間で範囲の最後まで到達するペースで読み、あとの1週間でもう一度読み込むのです。1回1回の密度は薄くても、何度か繰り返せば結果的に「みっちり」に到達するでしょう。

チームで取り組んだ「中国の大気汚染問題」

チームを組んで1つの課題に当たるときは、緻密な計画が必要です。

私がハーバードで学んだグローバル・ヘルスの授業では、3〜4人のチームで1テーマを担当してプレゼンする、という方法がとられました。

最初のころはトピックがあらかじめ設定されていましたが、年次が上がって学生たちが習熟するにつれ、「今世界で起きている医療問題を取り上げ、君たちの考える解決策を発表せよ」という実践型の課題が増えていきました。

思い出深いのは、3人のチームでこの問題に当たったときのこと。

チームごとのエリア分担で、私たちはアジアを担当しました。

与えられた時間は3週間。一見、たっぷりあるように思えますね。

しかし前に述べた通り、ハーバードの学生は課外活動も含めて非常に多忙。3人で集まれる時間を作るだけでも大変です。

そこで最初のミーティングでは、3週間を3分割した進捗計画を策定。基本は各自で調べ、要所要所で会って確認、という全体の進行イメージを決めました。

最初の1週間は、トピックの選定です。まずは担当エリアを網羅的に俯瞰《ふかん》し、的確に問題を掬《すく》い取らなくてはいけません。

各自でアジアの概況を調べ、1週間後に再びミーティング。1～2時間のブレインストーミングの末、「中国の大気汚染」というトピックが決まりました。

この問題は日本でも頻繁に報道されていますが、私たちがその中でとくに注目したのは、外気に触れないよう家にこもっている人々が、深刻なビタミンD不足に陥っている、という問題でした。

2週間目は、この問題をさらに深く掘り下げ、解決策を考えました。

調べてみると、ビタミンD不足はとくに若い女性に顕著だとわかりました。ただでさえ外に出ない上に、アジア女性ならではの「美白へのこだわり」ゆえに衣服で肌を隠してしまうため、日光に当たる時間が極端に減少していたのです。

3度目のミーティングでは、3人なりの解決策をすり合わせて、次のようなアイデアへとまとめました。

・「もっと日光に当たるべし」といった奨励活動は、若い女性には説得力を持たない
・ここは半強制的にビタミンDを摂取させるシステムが必要
・中国の主食である米や、麺類・点心の材料である小麦にビタミンDを多く含有させるのが効果的ではないか

この提案で行こうと決まり、最後の1週間でレポートとプレゼン用スライドを準備。各自の調査やレポートはGoogleドキュメントを使って随時共有、互いの進捗を確認しつつフィードバックして仕上げていきました。

担当部分を割り振って原稿を作り、スライドを作成。Googleスライドというツールを使えば自動的に共有されるので、作業的にはさほど難しいものではありません。

それでも仕上がりはギリギリでした。プレゼン当日、授業の20分前に集まって、「どこの部分を誰が話すか」を大急ぎで決めたのを覚えています。

このようにグローバル・ヘルスの授業は、短い時間を縫って成果物を出す、時間管理のテクニックを問うものでもありました。その機会をクリアするたび、強い達成感を覚えたものです。

ハーバードの学費が「食費込み」の理由

何度も言っていますが、ハーバード生は本当に多忙です。

在学中、私のGoogleカレンダーは、すぐに何の予定なのかわかるようにタスクごとに色分けしていたので、まるでパズルのように鮮やかな状態であり、少しも空きがありませんでした。周囲の学生も皆同じでした。疲れたから明日、などということはできません。明日もスケジュールが詰まっているからです。

授業と、授業ごとに出される宿題、そして課外活動と社交。

課外活動は、日本の部活やサークルとは趣を異にしています。運営企画、資金集め、人材確保、交渉などなどを伴うプロジェクトが随時2〜3回っているような、どちらかと言えばビジネスに近いものです。それに伴い、社交の場も増えます。

学校側も課外活動や社交を奨励していることはお話しした通り。といって、授業のレベルや宿題の量を減じてくれるはずなどありません。

この生活を自分で管理し、タイトなスケジュールと健康管理を同時にこなし、すべての

活動を謳歌できるくらいのタフさと聡明さを備えた人物になりなさい、ということなのでしょう。

そんなハーバード大学では、学費の中に「ミールプラン」、つまりは食費が初めから組み込まれています。

ハーバードの各寮には食堂があります。ここを利用すれば外に食べに行くよりもはるかにお得。バイキング形式で、ランチもディナーもたっぷり食べられます。そして何より、時間の節約になります。

ご飯時でなくとも、常時ベーグルやシリアルやドリンク類が用意されているので、深夜まで食堂で勉強するのはしょっちゅうでした。

食堂は、オンライン注文も受け付けています。前日夜までに朝食を注文すれば、冷蔵庫に入れておいてもらえる仕組み。これを持って朝一番の講義を食べながら受ける学生も多くいます。

なお、寮の部屋にはキッチンがありません。共同スペースに小ぶりなキッチンがありますが、使う学生は皆無。食堂がここまで充実していたら、料理する必要などないのです。

これまた「料理や食事に時間をかける暇があったら勉強せよ」という、学校側の姿勢の表れと言えるでしょう。

「マイ締め切り」で時短&精度アップ

ハーバードで毎日のように出される課題が「エッセイ」でした。これは1つのテーマについてのリポートを10ページ程度にまとめる小論文です。テーマを的確に捉えるためのリサーチ力と、独自の切り口や見解をつくり出す思考力が求められます。

このとき、期限までの時間がどれだけあるにせよ、**まず「マイ締め切り」を設定するのがハーバード流**です。

課題の大きさによってまちまちですが、もっともよくあるのが「1日以内」。早い場合は、「5分後」になんらかのレスポンスを出します。

5分後なんてとても無理、と思われるでしょうか?

もちろん完成形でなくても構いません。だいたいこのような方向性でまとめたい、という骨子を箇条書きでまとめ、教授に見せればいいのです。

これで、ムダな時間を一気にカットすることができます。

2週間後に期限があるとして、2週間目に完成させるという通常の方法をとった場合、それがどう評価されるかは14日目までわかりません。

1週間後にいったん中間報告するという方法もあるでしょう。実際、これもよくとられる手法です。しかしそこで「この方向性は違うんじゃないの？」と言われてしまえば、7日間の苦労は丸ごと無駄になってしまいます。

ですから、**「マイ締め切り」は早いほどベター**。最初に方向性を確認しておけば、迷わずそこに集中できて、精度の高いものがつくれます。

「いちいち聞かれて教授は迷惑しないの？」という心配もご無用。質問すればするほど評価が上がる文化なので、むしろ歓迎されます。

5分で骨子を考えよう、と自らタイトな期限を課すと、思考力も鍛えられます。

短い時間で何かひねり出さなくては、となると必ず何か出てくるもの。こうして意図的に短く時間を区切って脳を働かせると、脳にだんだんそのクセがついて、「素早く何か考えつく」力が鍛えられます。

先日、テック業界で働くハーバード時代の友人が、まさにその方法でレスポンスをくれました。

会社のウェブサイトの作り方で手詰まってしまい、その友人にメールで質問をしたところ、5分後に「コードのソースを見ないとわからないけど、もしかしたらこの方法で解決するかもよ?」との返信。その方法を試したところ、即座に解決しました。

込み入った質問なので時間がかかるだろう、と思いきや、まさかの5分。**「詳細はわからなくてもとりあえず何か答える」スタイル**が、互いの時間をいかに短縮できるかを実感した出来事でした。

時間管理ツールはもっぱらデジタル

時間管理ツールはスマホとパソコン。アナログは基本的に使いません。

9割方スマホアプリで管理し、パソコンと連動させています。

スケジュールはGoogleカレンダー、TODOリストはGoogle Keepというメモアプリを使っています。1日の初めにはTODOを整理して入力。すると、アンドロイドのスマホの壁紙の上部にそのリストが表示される仕組みになっています。

ＴＯＤＯは「〇〇さんに返信」といった細かいことから、「原稿は今日中に終わらせる」などの重めのタスクまで、大小にこだわらず何でも入れます。思いついたときにすぐ入力することが大事です。

その意味で、デジタルはやはり便利です。スマホはどこにでも持ち歩くので、家でも外でも地下鉄でも、すぐに入力できます。歩いているときなら音声入力もできるので、紙の手帳やメモよりもずっとスムーズです。

パソコン上では入力よりも確認が主になりますが、重宝しているのは「タブメモ」というアプリ。可愛い動物がつまみの部分になっているメモを作成できます。

普段はこのつまみの部分がパソコン画面の端から出ていて、クリックするとメモ全体が引っ張り出されます。私のパソコンは四辺から動物が何匹も顔を出していて、なかなか可愛い画面になっています。

ここに書くのは、主にＩＤナンバーの類です。注文やチケット予約、書類作成のたびごとに必要になるＩＤをいちいち検索するのは面倒なので、この付箋を使ってコピー＆ペースト。これも時間短縮の小ワザです。

なお、もっとも時間短縮効果があると感じるツールは、スマホのタイマーです。「5分以内」「10分以内」「1時間以内」と自分の中で期限を決めたら、すぐにタイマーをセット。

アラームが鳴る前に終われば、勝った気がして嬉しくなります。その達成感と共にTODOリストのチェックボックスをタップするのも、これまた爽快な瞬間です。

365日、欠かさずつけている日記

アナログツールをまったく使わないかと言うと、そんなことはありません。

元来、手を動かして書くのは好きなほうです。時間管理は正確性や利便性の高いデジタルに任せますが、思いついたことをランダムに書き下すアイデアノートはもっぱら紙のものを使います。

もう一つ欠かせないツールが、子どものころから欠かさずにつけている日記です。

始めたのは小学生のころ。バイオリンの演奏会のたびに、「この経験を忘れたくない」

と思ったのがきっかけでした。

今日弾いた曲、演奏した場所、こんなドレスを着て、この部分をいい感じに弾けて……といったことをシンプルに記録していたのですが、それがクセになって、365日、出来事を書き記すようになりました。

内容はいたってシンプルです。着た服と、したことと、簡単な感想のみ。思ったことや感じたことをどこまでも書き連ねていく、といった書き方は、私はあまりしません。

その時間がなかったということもありますが、簡略に書いたほうが頭の中がスッキリ整理できる、と感じていたのです。

日記にはネガティブなこともほとんど書きません。嫌なことがあったら、それを綿々と書いて時間を使うより、さっさと寝たほうがスッキリするからです。ですから、日記のトーンは全体的にハッピー&ポジティブです。

現在も、日記は寝る前の欠かせない日課です。

その日の出来事を書いて1日を振り返り、やり残したことがあれば左側の余白ページに書き、翌日のTODOリストに反映させています。

この作業は、いわば一旦停止のひとときです。

忙しさにかまけていると、いつの間にか1カ月2カ月と経っていて、今自分が何のために何をしているのか、という大きな視点が失われがちです。一度立ち止まって振り返る時間を持つことで、今の自分を確認できます。

頭の中にあるものを言語化して外に出してしまえば、脳にスペースができる気がします。翌日きびきびと働くためにも、欠かせない習慣です。

緊急度と重要度① ―― 所要時間を明確に

すでにお話しした通り、タスクはまず「必要なこと」に絞り込むことが必要です。

次に、「何から始めるか」という優先順位を決めるわけですが、これをどう決めるか悩む方は意外に多いようです。

とくに「緊急度と重要度」という2つの基準のどちらを大事にするかは、多くのビジネスマンが迷うところ、と聞いたことがあります。

私の場合は、シンプルに「緊急度」だけを基準にします。緊急度が高ければ、必然的に重要度も高いはず、と思うのです。

従って、締め切りの一番近いものから始めるのが基本ルール。

ただし、各タスクの所要時間も念頭に置かなくてはなりません。

ここでは、先ほど登場した「最初に概観する」習慣が役立ちます。どんなタスクであれ、発生したときにまず全体像をざっと俯瞰すれば、どれくらい時間がかかるかがだいたいつかめるからです。

1日では終わらないと判断したものは、最初に少しだけ手をつけておきます。このひと手間を先延ばしにすると、いざ締め切りが近づいたときに「こんなに大変だったの!?」と慌てることになりかねません。

先ほど述べた「骨子だけ作って先方に送る」方法はここでも有効。タスクのアウトラインが自分の中でもつかめる上、その方向性で大丈夫だという確証が得られれば、心理的にも楽になります。

緊急度と重要度②
――「習慣力」が未来の自分をつくる

「緊急度が高ければ重要度も高いはず」と言いましたが、例外もあります。「緊急ではないが重要なこと」があるのもまた事実です。

将来のキャリアアップに役立つような勉強は、その典型例でしょう。

これは自発的な意志であり、誰かから強制された仕事ではないため、締め切りが発生しません。うっかり日々の緊急事に追われているうちに、つい後回しになりがちな部分です。

これは正直なところ「習慣力」の有無が決め手になるでしょう。

この点、私は幸運でした。将来役立つかどうかなどと考える前からバイオリンの練習をすることが当たり前になっていましたし、英語の勉強も、家庭環境の中で自然に日課に組み込まれていました。

ということは、大人になってから自発的に「これを将来に向けて身につけたい」と思った方は、日課の中に組み込んでしまうのが得策です。

語学や資格、専門分野の勉強など、極めたいことがあれば、1日の中に少なくとも1時間のブロックを作って、その時間だけは専念するのがおすすめです。

自分の中に「クセ付け」をして、**その勉強を毎日しないとなんだか気が済まない、というレベルに達すれば万全**です。

多忙な方ほど、まとまった時間が取りづらいという事情もあるでしょう。その場合は「1日全部で1時間」になるようにすると良いと思います。

実は今、私もこれを実践中です。

目下の私の「緊急ではないが重要な事案」は、スペイン語です。

先日、テキサスで子どもたちにバイオリンを教えるというプログラムに講師として参加したのですが、テキサスはヒスパニックの人が多く、参加者やスタッフの会話は半分以上スペイン語で、スペイン語のわからない私はコミュニケーションがうまくできずに悔しい思いをしました。

このプログラムは来年また開かれるので、それまでにスペイン語がある程度話せるようになっておきたい、と思っています。

期限は1年後ですが、ひとつの語学を習得するとなると、そうそうゆったり構えていられません。時間をうまく捻出したいところです。

「すきま時間セット」を作ろう

スペイン語は、1年後までに簡単な日常会話を交わせるようになるのが目標です。

1日1時間ブロックして勉強できれば理想なのですが、残念ながら現在のところ、その時間的余裕はありません。

そこで活用しているのが、すきま時間です。

今の生活の中でのすきま時間のチャンスと言えば、何と言っても地下鉄に乗っている移動中。

オフィスに通勤するビジネスマンと違い、私の行先は毎日バラバラです。

その日の練習場、リハーサル会場、色々な場所に行きますが、いずれもニューヨークの地下鉄を使えばだいたい20分くらいの移動距離です。しかも電波が届かないので、集中するには最適。

この時間を利用して勉強をしています。今愛用しているのは、語学学習アプリ「Babbel(バベル)」。スペイン語を含め、14言語を取り扱うオンライン学習サイトです。単語を、写真クイズや音声入力とともに暗記する、遊び感覚のあるコンテンツ。1レッスンの末尾では、長い文章を使って復習と確認ができます。これを、1回の移動で1レッスン終わらせるようにしています。

30分ほど時間ができたときは、新しく覚えた単語や文章をノートに書いて復習したり、要点をまとめたりします。

たまに1時間くらい時間ができたら、単語帳をじっくり読み込みます。学び始めたばかりなので、今はボキャブラリーを増やすことが最優先事項なのです。

もし2時間できたら……教材を買って文章を読んだり、問題集を解いたりしたいところなのですが、今のところできていません。

ともあれ、このように**「5分空いた時間ができたら何をする」「30分できたら?」「1時間できたら?」**など、**すきま時間の長さごとの「セット」をあらかじめ決めておくのはとてもおすすめ**です。

すきま時間はしばしば、予期せず発生するものです。タスクが意外に早く終わった、待ち合わせの相手がなかなか現れない、先方からレスポンスをもらうまで動き出せない、などなど。

この手のすきま時間はたいてい5分程度と極めて短めです。

そんな時、あなたの指がスマホ上で向かうアプリは何ですか？　ネットでアクセスするサイトは何ですか？

そんなときにパッと「5分セット」を取り出せば、意外にはかどるものです。

私の場合は、TODOを見直して各タスクの所要時間を予測したり、大き目のタスクに少しだけ手をつけたり、といった作業をしています。そうして軽く整理をしておくと、本格的に着手した後がとてもスムーズです。

「濃い5分」を積み重ねる

「5分」という単位は私の中で、大きな重要性を持っているようです。

母のモットーは「5分あれば何かできるでしょ」。**5分を漫然と過ごさず、何か意味あることをしよう、と決めて実践していました。**

その背中を見てきたせいか、「5分あれば、これができる」と自然に思うようになりました。

すきま時間として活用するのはもちろん、バイオリンの練習では「5分以内にここのスポットを何度も練習して弾けるようになる！」と、タイムプレッシャーを集中力に利用することもあります。

このような「濃い5分」を12回積み重ねれば、とても濃い1時間になります。

それを120回繰り返せば、とても濃い10時間に……と、そこまで行くと身体が持ちませんね。

5分区切りはいささか上級ですが、時間の単位を短めに設定するのが有効であることは確かです。

「あと3日で課題1本を仕上げる」ではなく「1時間で概要をまとめる」。

「1週間で1曲仕上げる」ではなく「午前中の間にここまでできるようになる」。

区切りを多くすれば、「指令」の数が増えます。まるで、ミッションが次々に降ってくるゲームのようなものです。

ゲームをする方なら、きっと実感があるでしょう。飽きずにどこまでも続けてしまうのは、1つクリアすればまた次のミッション、という風に次々とやることが出てくるからです。

新しい敵、新しい謎、新しい迷路……それらの難題を打ち倒していく過程は、高揚感に満ちています。

その感覚を、日常に応用してみてはいかがでしょうか。

TODOリストを上から消すのが大好き、という私の感覚に、きっと共感していただけると思います。

将来の計画は、あえて描かない

短い時間単位で物事をこなすのが好きなせいかどうかはわかりませんが、「将来」という大きな単位で計画を立てることはしないタイプです。

将来の自分像をくっきり描いてしまうと、自分の可能性を限定してしまうのではないか、と感じているからです。

現在私はバイオリニストになっていますが、バイオリニストになろうと思ってバイオリンを続けてきたわけではありません。

しかしバイオリンを続けてきたことが、意図しない形で私の将来を切り開いたことは確かです。

バイオリンを習っていなければ、ハーバードに行こうとは思わなかったでしょう。学業と音楽を両方できる環境に身を置きたい、という思いが、ハーバードに私を導いたのです。

ハーバードに入学した時点でも、音楽を専攻するとは思っていませんでした。生活の中心であった音楽よりも、別の分野を学びたいという気持ちのほうが強かったくらいです。

専攻を決める2年次になったとき、最初に選んだのは応用数学。始めるなり、自分が数学に向いていないことを痛感してすぐ撤退。その後に試したのは社会学。そしてグローバル・ヘルスの魅力を知りました。

このあたりでようやく、音楽をメインにして、別の学問を掛け合わせるのが一番エキサイティングだ、という考えに達しました。まさに方向転換の連続です。

そして卒業後、音楽を極めたいと思ってジュリアードに進んだのはご存じの通り。いたってフレキシブルな道を歩んできたわけですが、その結果、過去の私からは思いも及ばない場所にたどり着きました。

もし高校生の私に、「10年後、あなたはニューヨークの音楽シーンに身を置いていますよ」と言ったら、どんなにビックリすることかと思います。

今も、ずっと演奏家として生きていくかどうかは決めていません。

「これ、面白そう」と思ったら、またまた方向転換する可能性は大いにあります。

その場の気持ちや世の流れにフィットすることに次々とトライしていくスタイルは、これからも続くでしょう。

そのトライはたいていビッグサイズなので、無数のタスクが発生します。そのたびに「TODOリスト」に嬉々としてチェックマークをつけていく自分——その将来だけは、明確に見えている気がします。

POINT

一人で圧倒的な成果を出す「時間管理術」

- 各タスクにつき、まずは最初から最後まで「全体像」をざっと俯瞰する

- 「マイ締め切り」を設定し、実際に取り組み、緻密にできなくても何かしらの成果物を出す

- 取り掛かる順番は「締め切りが一番近いもの」から選ぶ

- 「すきま時間にすること」を常に準備しておく

- ミッション達成のための目標時間の単位はできるだけ短く設定

第3章

深く濃く学ぶための「集中術」

始める前に「選択と集中」を

前章で語った「不要なことはカットする」という考え方は、時間管理術であると同時に、集中術でもあります。

TODOを細かくリストアップした時点で、無駄をそぎ落とすことが大事です。

無駄なこととはたとえば、次のようなものを指します。

- **苦手なこと→　うまくできないので集中できない**
- **やりたくないこと→　やる気が出ないので集中できない**
- **メリットの小さいこと→　集中する意味がない**

これらを削除すると、ぐっと能率が上がります。

とくに、**「メリットの小さいこと」は即刻捨てるべき**です。

一方、「苦手なこと・やりたくないこと」の中には、課題クリアのためにどうしても必要な場面もあるでしょう。

ならば、得意な人に頼むのが良い方法です。周囲の人々を日ごろから観察して、「〇〇が得意な人」のリストを頭の中に作っておくのがおすすめです。ビジネスマンの方なら、同僚との信頼関係を築けるチャンスです。

このような方法で無駄を捨てれば、得意なこと・したいことだけが残ります。まさに、ビジネス用語の「選択と集中」です。

選択と集中を行えば、集中力も上がります。ストレスなく、明確な目標に専念できるからです。

もちろん、所属している会社やその他の事情で「したくないこと」をせざるを得ない場面もあるでしょう。

しかし、大前提としてこの枠組みを意識するだけでも大違いです。

自分の気持ちを無視してすべてのことを引き受けると、集中力もパフォーマンスも確実に落ちます。

自分は何がしたいのか、したくないのか。その原点に、こまめに立ち返ることが大切です。

集中力の原点はバイオリンと「分類好き」

さてそんな私も、昔は「選択と集中」などと考えていたはずもなく、ただ無心にバイオリンを弾いている子どもでした。

しかしおそらくこれが、私の集中力の原点です。楽器は、曲の習得にも練習にも本番の演奏にも、絶えず集中力が求められるからです。

加えて、小学3年生で初めてコンクールに出場したときから、自分の意思で頑張る姿勢を持つようになりました。

私はこのとき初めて「ほかの子ども」を意識しました。周囲にバイオリンを習う子がまったくいなかったので、コンクールでとても刺激を受けました。

世の中には上手な子がいる、私ももっと上手になりたいと思い、練習にも俄然身が入りました。やはり、**明確な目標は集中力に欠かせないもの**です。

一方、学校の勉強ではそうした「燃える」経験はさほどありませんでしたが、いったん座ればすんなりと集中できるほうでした。

バイオリンを通して集中するコツをつかんでいたから、という面もありますが、ここでは「整理整頓の習慣」が役立ったようです。

今も、机に向かうときは必ず机回りをきれいにします。

余計なものを視界から排除して、ラップトップ、ノート、飲み物だけをセット。この「儀式」が済むと、自然に集中スイッチが入ります。

この習慣も、整理整頓好きの母の背中を見てきた影響と思われます。

もっとも大人になってから見ると、母は「捨て好き」が過ぎる傾向もあり。ときおり、必要なものまで捨ててしまって困っているのを目にします。

母が「捨て好き」なら、私はさしずめ「分類好き」でしょうか。

古い記憶の中にあるのは、小学校時代に使っていた青い引き出しです。

そこに、学校でもらったプリントを分類して入れていました。お母さんに渡すもの、明日提出するもの、今週中に提出するもの、捨てていいもの、という風に。

こうして身の回りのものを整理すると、頭の中も整理されます。

何かを始めるとき、視界に入る範囲だけでも軽く片づける。単純ですが即効性の高い集中術です。

家族のいるリビングでハーバードの受験勉強

子ども部屋をまめに整理整頓していた私ですが、勉強はリビングでしていました。実家のリビングには大きなテーブルがあり、広々と使えて居心地がよかったのです。個室を使うのは、家族に見られたくない日記などを書くときと、寝るときだけでした。

ハーバードの入試に向けた勉強も、リビングのテーブルでしていました。

我が家ではリビングにテレビを置かなかったので、余計な雑音に気を取られる心配もありませんでした。

ところで、「ディストラクター」という心理学用語をご存じでしょうか。

これは「集中力をそぐもの」という意味。テレビの音声や、視界の隅でチラチラする映像は、典型的なディストラクターです。

では、家族の声や動きはディストラクターではないのかというと、これが不思議と大丈夫なのです。一人きりの部屋にこもっているよりも、ずっと集中できました。

両親が会話する声や、食器洗いや、キャベツの千切りの音などが聞こえてくることで、安心して自分のことに専念できたのです。

しかし、ここでもし両親が私に話しかけてきたら、集中力は停止したでしょう。

そう考えると「家族の生活音はOK、テレビの音はNG」な理由がわかります。

テレビ番組は視聴者に見てもらうために趣向をこらすので、すべての映像や音声が、見る人の気を引くようできています。

センセーショナルなタイトルコール、好奇心をそそる話題、タイミングのよい効果音、出演者の派手なリアクション。すべて、勉強に向かう集中力に対抗してくるものです。

対して、家族は私が勉強していることを尊重しつつ、それぞれがくつろいで自分の時間を過ごしていました。

こうした**「ほどよく安心できるノイズ」が、集中力を最高に高めてくれた**のではないかと思います。

「スタディバディ」がいれば頑張りがきく！

ハーバード時代の勉強場所は、図書館もしくは寮の食堂でした。

ハーバードでは、1年次と2～4年次とでは寮が変わるのですが、2年生以降暮らした寮、ダンスター・ハウスには約400人の学生がいました。

24時間空いている食堂では、夜の2時3時になっても必ず誰かが勉強しています。そこが、一種のコミュニティー空間になっていました。

友人同士、「何時から勉強する？　私もする！」と言い交わし、食堂に集まる風景があちこちで見られました。

と言っても、することは別々です。数学、経済、政治、まったく別分野の課題に取り組む学生が、同じ空間で頑張るのです。

それなら時間を合わせる必要ないのでは？　と思われるでしょうが、さにあらず。同じ時間に行うことで、サボれない雰囲気になるのです。少々疲れてきても、隣で友人たちが頑張っていれば「私ももうひと頑張り！」という気持ちになります。

その意味で「スタディバディ（勉強仲間）」は強い味方であり、励みです。

誰もいない空間にこもって勉強するよりも集中力アップ効果は確実に上がります。

さて、それでもついつい気が散ってしまうこともあるのが悲しいところ。パソコンで調べものをしていたはずが、ついインスタグラムをのぞいてしまって瞬く間に30分経過、という失敗はつきものです。

そこで活用していたのは、「SelfControl」というMac用のアプリ。

このアプリの「ブラックリスト」という項目に、ついつい見たくなるサイトを登録すると一定時間アクセスできなくなります。一度設定すれば、再起動しようがアプリを強制終了しようが、絶対に解除できなくなる鉄壁の厳しさです。

時間も自由に決められるので、よく「1時間」に設定して、解除されたタイミングに休憩を入れる、といった使い方をしていました。

あの手この手で集中力をキープした、学生時代のいい思い出です。

ハーバード流・締め切り当日まで手をつけないテクニック

前章で、大きな仕事には早めに手をつけておこう、という話をしました。

これと対をなすのが、**「1日でできる仕事ならば締め切り日までやらない」という手法**です。これを実践しているハーバード生は本当に多く、中には1日半ほどかかりそうな仕事でも無理やり1日に詰め込んでしまうツワモノもいます。

先に混乱しないように補足しておくと、前章のスキルと本章のスキル、どちらの場合もタスクの大きさを把握しておくことは大事です。

その上で「1日でできる」と判断した場合には締め切りギリギリまで後回しにしてもOKということです。

決して、ずるずると後回しにしているのではありません。どこまでも意図的なテクニックです。

なぜなら、締め切り直前の切迫感にさらされると、誰しもすごい集中力が発揮されるもの。

お尻に火がついた状態をあえて作って、通常の2倍速で済ませてしまおう、というわけです。所要時間の短いタスクはこの推進力を利用して、一気に片づけます。

実際にやってみると、きっと効果が実感できるはず。

慣れるまでは少々危ない橋ではありますが、失敗しても大ケガしないタスクで試してみてください。ただし、危険度と集中力は比例するので、あまりにどうでもいいタスクだと効果も低めです。

ちなみに切迫感が起こらないような軽い用事も、ギリギリまで手をつけないのがハーバード流。一瞬で終わる仕事ならすきま時間を使えばいい、その前に重めのタスクをしてしまおう、という考え方です。

ハーバード生のこの習性を知らなかった母が、大いに肝を冷やした一件があります。

2013年に初回の「Summer in JAPAN」を企画し、講師となってくれるハーバード生を募ったときのことです。

母は大分で、サイトに入ってくる応募者のメールを待っていたのに、募集締め切り1時間前の夜23時を過ぎてもまったく反応がなかったそうです。

大学の近くに面接会場も用意して、渡米する準備もできているのに誰も講師に応募してくれないのか……と焦っていると、23時50分過ぎから突然、大量の応募があり、あっという間に定員の5倍以上の希望者が集まったというのです。

その話を聞いて、「さもありなん」と思いました。

講師ポジションへの応募は、さほど時間を要する作業ではありません。必要事項を記入、小論文をいくつか添えて送信するだけですから1時間もあれば十分。ならば期限直前まで、山積する他のタスクを片づけようとハーバード生は考えたのでしょう。

それにしても、応募者の全員が申し合わせたように同じ行動を取るとは……。

思わず笑ってしまった出来事でした。

最高の集中状態「ゾーン」に入るには

ハーバードでは勉強、ジュリアードではバイオリンの練習をしていた私ですが、どちらも高い集中力が必要でした。

ハーバードでの課題を書くなどの「勉強」に当たるのが、ジュリアードの「楽器練習」

です。

練習のプロセスは曲や編成によって様々ですが、まずは個人レベルで、楽譜通りに弾けるようにするのが第一歩です。

大学院やプロのレベルになると、難曲に遭遇するのはしょっちゅう。音を外さずに弾けるよう、繰り返し耳と身体に覚えさせます。

テンポや音色の変わり目をチェックすることも大事です。ここは楽譜だけではつかみきれないので、CDなどの音源を聞いて確認します。個人プレイではない室内楽では、リーダーとして、皆に合図するタイミングなどを楽譜に書き込む作業も必要です。

個々の練習のあとは、メンバーと合わせる段階に入ります。日中は授業があるので、集まるのは夜間。閉館する夜中の12時まで練習します。

そういうわけで、毎日が長丁場。しかしそこまでは、ハーバードでの勉強も同じです。

勉強と芸術を較べて「集中の仕方」のどこに違いがあるかというと、私は「ピークの位置」ではないかと思います。

勉強は、課題や問題に向かうとき、つまり思考力をフル活動させているときが集中のピーク。仕上げて提出するときは、そのテンションは過ぎ去っています。

音楽はその逆です。練習の先にあるもの＝本番がピークです。

演奏中には「ゾーン」という、高い集中状態に入ることがあります。このとき、勉強中とは異質のアドレナリンが出ます。極度の集中が、練習中の何百回もの演奏のすべてを超える、特別な演奏へと結実します。

しかし残念ながら、この状態は毎回訪れるとは限りません。体調や会場など、様々なコンディションによって変動します。どんなにコンディションが悪くても良い演奏を届けるのがプロとして当然の義務ですが、毎回ゾーンインできるような演奏者は少ないと思います。

では偶然頼みかというと、そんなこともありません。

最低条件として、「練習量」がものを言うことは確かです。頭で考える前に身体が勝手に演奏してくれるような状態になるまで練習するのが大前提。練習を重ね、量をこなし、頭で考える前に体が勝手に動くようになれば、本番には余計なことを考えたりせず、「頭が空っぽの状態」で臨むことができます。その上で、弾きながら「楽しい、気持ちいい！」という気分が訪れたら、ゾーンに入れるのです。

が、この最後の気分だけは、自分ではコントロールがききません。そこは、舞台の神様におせするしかないのでしょう。

練習室での「集中の儀式」とは

友人と一緒に食堂で勉強したハーバードでの生活とは対照的に、ジュリアードでは一人で練習室にこもる時間が中心になりました。

日中、学生同士が話す機会と言えば「避難訓練」のときくらいでした。訓練のために外に出て、「この建物内にこんなに人がいたの!?」と初めて気づくという具合。皆が、一人きりで練習にふけっていました。

食事も一人でとることが増えました。

学生たちは、たいてい大学の裏のスーパーに走ってランチを買います。「走って」というのは、早く戻らないと練習室を奪われてしまうからです。

練習室は、試験前などのピーク時になると予約がビッシリ。わずかなすき間を狙って熾《し》烈《れつ》な争奪戦が繰り広げられます。15分以上不在にすると予約待ちの人のものになってしまうので、気が抜けません。急いでランチを買って戻り、食べながら練習するというせわしなさでした。

そんな中で、集中モードに入るにはどうしていたかというと……。

私はいつも、「その日の目標を決める」ことから始めていました。

「今日はここまでできるようにしよう」「今日はこの曲を完璧にしよう」と決めて、「それには、何時何分までにここまで」と、およそ10分刻みで細分化していきます。

計画を立てたら、次は腕鳴らしです。音階を引いたり、シンプルなフレーズを弾いたりすること10分。この「儀式」で集中モードに入れます。あとは計画通り、わき目もふらずに練習します。

なお練習室では、スマホを見えない場所に隠していました。着信で画面が光ると、視界に余計な情報が入って集中が途切れるからです。

例外は、動画を見ながら一緒に弾くとき。ほかの演奏者を参考にしたり、皆で合わせた時のイメージをつかんだりするときに必要なプロセスです。

それ以外のときは、情報をできるかぎり遮断。

勉強のときはかすかなノイズがあるほうが集中できる私ですが、バイオリンの場合は、五感のすべてを楽曲だけに集中させる環境が必要だったのです。

ジュリアード生は ハーバード生より要領が悪い!?

ジュリアードの学生の練習時間は、ときには非常に長くなります。試験前や大きなコンクールの前は、8時間、10時間と連続してこもることもあります。

順位を決める大会は、プロになった後の評判にも関わることなので、皆が必死になります。日ごろ練習中に気を抜いてスマホをいじっているような学生でも、ここでは俄然目の色が変わります。

こういうときの、芸術家特有の集中力はやはりすごいと思います。

反面、ハーバードで「作業効率」を追求する人々と暮らした経験上、ときおり「ジュリアード生って、要領悪いかも?」と感じることもありました。

これまで約20年間バイオリンのみに没頭してきた人たちなので、どこか浮世離れしているというか、実利を考えないところがあるのです。

大会を控えた学生は、10時間連続で練習室にこもることがよくあります。私はと言えば、よほどの状況でない限り10時間は入りません。量より質を重視するタイプなので、濃密に3時間練習したほうが、曲の理解も演奏力も上がるはずだと考えます。実際、色々な学生を見ていると、練習時間と出来栄えは必ずしも比例しないことがわかります。

単に長い時間をかけてやればいい、というものでもないというわけです。

半日を練習に費やしてもさほど上達しない学生がいる一方、高いテクニックと素晴らしい芸術性を持つ学生の一人は、数時間程度で練習を切り上げて美術館やセントラルパークを散歩することを日課にしていました。

やはり**表現者は、感性を刺激することが大事**なのだと思います。

窓のない練習室に何時間もいれば、知らず知らずのうちに気持ちも縮こまります。その閉塞感は、音にも現れます。外の空気や風景や、人との会話や、美しい作品に触れることが、伸びやかな表現力の源になるのです。

こうした時間を意識的に設けるよう、私も心がけていました。

いったん心を解放させる時間を持ち、メリハリをつけることで、落ちかけた集中力も再び上がったように思います。

休憩は「運動と癒し」をワンセットに

「集中力の波」をつかんでおくことも大切です。

一般的には、「集中の続く限界は90分」「中でも強い集中が続く限界は15分間」とよく言われますね。

たしかに15分はひとつの単位でしょう。この最小単位を3つセットにすれば小学校や中学校の授業の1コマになりますし、6つセットにすれば大学の1コマに相当します。この波を意識しつつ、集中力が落ちかけたところで休憩に入るのが基本的なやり方と言えるでしょう。

一方、波には個人差もあります。自分の波形を知っておくことで、より効果的な休憩ができます。

私の場合は、練習時間の長さによって波の形が違いました。

ジュリアード時代も、カルテットの運営や演奏会で多忙だったので、練習時間が1時間しかとれないことがありました。こういうときは、貴重な時間を1分たりとも無駄にするまいと、60分間にわたって高い集中力を持続できます。

たまに追い込みで10時間練習をするときも、意外に集中力はもちます。たいてい翌日に大事な試験もしくは大会を控えているので切迫感があるのです。10時間のうち、一度の食事と数回の休憩で済ませられたように思います。

実は、一番危ういのは4～5時間くらいの中途半端な長さのときです。つい、中だるみすることもあるので、50分弾いたら10分休憩するようにしていました。

休憩に入る前に、10分のタイマーをかけます。そして**最初の2分でストレッチ**をします。

楽器を弾くという動作はとてもアンバランスなもの。とくにバイオリンは肩が内側に入るので、肩甲骨をしっかり動かします。

これはデスクワーカーの方々にも当てはまるでしょう。首や肩の緊張を取るほか、身体を大きく動かすことも効果的です。身体を使うことで、頭脳労働の疲れをリセットすることもできます。

さて、肩がほぐれたら、その後はインスタグラムを閲覧して過ごします。「おすすめ」に流れてくるものをランダムに見るだけなのですが、このおすすめ、内容が見事に「犬と猫」オンリーになっています。そう、実は可愛い動物が大好きな私。犬や猫の画像を見つつ、アラームが鳴るまでひとしきり癒されます。

このように、**一度の休憩に「軽い運動」と「癒し」をセットにする**のが、私の定番の休憩スタイルです。

自分の弱点は「ラスボス」と捉えよ

ただ時間をかけるよりも濃密に練習したほうがよい、と述べました。

では「濃密さ」とは具体的にどういうことでしょうか。

それは、練習すべきポイントをきちんと絞り込む、ということです。ここも、選択と集中です。

良い演奏者は、「どこができていないか」を理解しています。

音程が不正確なところ、暗譜できていないところ、解釈があやふやなところ。

自分の演奏を録音してそうした部分をチェックしたり、自分が理想とする演奏をＣＤやYouTubeで研究したり。**客観的な分析作業を経て、弱点をピンポイントで修正します。**

週1回のレッスン時には、先生のフィードバックをもらって、それも着実に反映させます。

ダメな演奏者は、1曲を最初から最後まで全部弾いて、また頭から全部弾いて、を繰り返しがちです。通しで弾くと2時間に及ぶ大曲もあるので、これは多大な無駄です。

弾いている途中に「ここ、ちょっと自信がないな」とチラリと思ったとしても、弾き終わるころには忘れてしまう。こうして時間ばかりが経ち、弱点は放置されます。

両者の違いは、「戦略」の有無と言い替えられるでしょう。

そもそも、練習とは「『できない』を『できる』にする過程」です。ここをまず押さえれば、すべきことは一目瞭然です。

つまり、「できない部分」の洗い出しです。

私が昔からよく行うのは、できていない箇所の小節番号をすべて書き出し、毎日そこだけは繰り返し練習する、という方法です。

人によっては辛い作業と感じるかもしれません。弱点と向き合わなくてはいけないからです。

しかし私はその点非常に前向きで、例のごとくゲーム感覚で楽しみます。

理解が及ばない、理解できていても技術が及ばない——そんなとき、「この敵は強いな」「ラスボス来た！」などと思いつつ、ミッションに立ち向かうのです。

とすると、集中力にはポジティブさやタフさという要素もあると言えます。

簡単に弾けるところや気持ちよく弾けるところばかり繰り返して、弱点と向き合わないのは「集中」とは言えません。

「簡単に弾けるところなんて退屈だ！」くらいの気持ちで、難局に嬉々として立ち向かう姿勢があってこそ、練習のクオリティも上がるのです。

フィギュアスケートと音楽の意外な共通点

タフさを通り越して、負けん気の塊のような人たちもジュリアードには大勢います。

近年のジュリアードでは中国・韓国系学生の活躍が目覚ましいのですが、同じアジア系でも、彼らは日本人とは対照的。

とことんアグレッシブで、音楽を「競技」のように見ている印象を受けます。「ライバルに勝って1位になる！」といった、アスリート気質を感じるのです。

ただし「芸術的ではない」ということではありません。技術はもちろんのこと、表現においても素晴らしいパフォーマンスを発揮します。

かねてから私は、音楽と競技には共通性があると感じています。

とくに似ていると思うのは、フィギュアスケートです。

実は、私はフィギュアスケートが大好き。ボストンで世界選手権が開かれたときは、観覧席から羽生結弦選手を熱く応援しました。

テレビの試合中継も、見るたびやる気が出ます。選手の皆さんが難しいジャンプを決める瞬間は、自分がバイオリンで難しいフレーズを弾く瞬間と重ね合わせて、「決まるか？決まるか？……決まった！」と感情移入してしまいます。

この共通性は、机に向かって行う勉強にはありません。

勉強なら、どんな難問に当たるときも、私たちは考えたり、書き直したりする時間を持つことができます。しかし競技者や演奏者は、難しいポイントを一瞬で決めなくてはなりません。失敗したら、もうやり直しは利きません。

これは、非常に強い集中力を必要とします。その大事な瞬間に、熱量が凝集します。勉強や思考のときの集中力よりもコントラストが強く、濃淡の振れ幅が大きいのです。

ということは、**逆に言えば「途切れやすい」という特徴も持っている**と言えます。

フィギュアの選手が、一度転倒したあとに連続してミスを繰り返す、という場面がよくありますね。

演奏者にはその気持ちがよくわかります。決めなくてはいけないところで決められないと、そこで集中力がプツリと切れてしまいがち。「しまった！」に思考を占められ、次のことが考えられなくなってしまうのです。

逆に言うと、失敗したときこそ、次を考えることが必要だということです。

失敗はもう取り戻せません。ならばすぐに思考から追い出さなくてはいけません。演奏はまだ続いているのだから、それ以外に気を散らしている場合ではないのです。

これは演奏のみならず、仕事でも同じだと思います。

たとえば、ひとつのプロジェクトの進行中に起こした失敗。大事な取引先との間に起こったトラブル。動揺しがちな場面ですが、動揺している場合ではありません。

ここはぜひ、音楽家かスケーターの気持ちになってみてください。

「まだ曲は続いている！」と思えば、集中力を「次」に振り向けることができます。

「寝だめは効果ナシ」……ではなかった!?

以上、私がジュリアード時代に経験した集中力を保つ秘訣をいくつか紹介してきましたが、盲点になりやすいのが「睡眠」です。集中力を意識する人ほど、睡眠を後回しにしがちだからです。

睡眠を削って活動時間を長く取るのは間違いです。疲れがたまって、かえって活動中の集中力が落ちてしまいます。

忙しい人は、少しでもチャンスがあれば寝よう、という心がけを持つべき。私も、寝られるときに寝ておくよういつも意識しています。

そのせいか、どんな場所でもすぐ寝られます。短い昼寝は得意技で、自室のカウチで熟睡している写真を、よくルームメイトに撮られてしまいます。

それでも、トータルの睡眠時間は短いほうかもしれません。

平日は夜の2時~3時まで起きています。周囲が寝静まった後のほうが、仕事の能率が上がるのでつい仕事をしてしまうのです。

結果、平日の睡眠時間は5時間程度。おすすめできる習慣とは言えません。

そのかわり、土曜日だけは何も予定を入れずにベッドに1日もぐり込んでいます。仕事もせずメールも見ずひたすら熟睡。12時間以上寝ることもしょっちゅうです。

飛行機の移動中も同じ調子です。日本──米国間の12時間のフライト中、10時間を寝て過ごすこともよくあります。

日ごろの疲れを一気にリセットしているのでしょうが、裏を返せば、「ここで寝だめしているから平日に精力的に働ける」ということかもしれません。──と言うと、「それは間違いだ」とご指摘を受けそうですね。

睡眠の専門家の間では、「寝だめは効果なし」とされることが多いようです。たくさん寝ておいたからといって翌日や翌々日は睡眠不足で良いことにはならない、と。

ところが最近、その定説を覆す論文が出たそうです。

ストックホルム大学の研究によると、毎日5時間以下の睡眠しかとっていない人は死亡リスクが高くなるものの、週末に長時間睡眠を取れば、そのリスクが帳消しになるかもしれないのだそうです。

これはまさに私のとっている方法。なんとも都合良い……いや有難い新説です。日ごろ睡眠不足気味の方は、週末だけでもしっかり眠るよう心がけてみてはいかがでしょうか。自分の健康を守ると同時に、日々の活動の密度を上げることにもつながるでしょう。

趣味の音楽は「クラシック以外」

趣味の読書がとことん「気軽主義」なのと同じく、音楽も、趣味で聴くときは軽めのものが主流。J-popやK-popをよく聞いています。

a・i・k・oさんや椎名林檎さんは、クラシックではあまり聞くことのない捻《ひね》りのある旋律が多く、とても楽しめます。ポルノグラフィティも好きなバンドです。

洋楽ポップスも聴く……というより、聞こえてきます。というのも、親しい友人はユーチューバー。ジュリアード仲間とともにポップスのカバービデオを作っているので、テイラー・スウィフトやビヨンセ、ケイティ・ペリーなどのヒットナンバーが聞こえてきます。

クラシックを聴くのはもっぱら、練習やリハーサルのためです。

趣味的にクラシックを聴くなら、あえてジャズやポップスや珍しいアレンジを施したものが多くなります。「ど真ん中」のクラシックでは、どうしても耳で追ってしまうのです。

クラシックに携わっていると、どうしても「BGM」として聞ける音楽が少なくなりがちです。

カフェなどで、クラシックが小さな音でかかっていることがよくありますね。私たちはあの音を「聞き流す」ことができません。

旋律を追ってしまう、ソロになると指が動いてしまう、店を出た後もその曲を知らず知らず口ずさんでいた……などは実に「演奏家あるある」です。

とはいえBGMのすべてがダメ、というわけではありません。

パソコンに向かうときは、よくゲーム「どうぶつの森」のサントラやK-pop、中田ヤスタカさんなどのエレクトロニック系の曲をかけています。

ここでは、「歌詞が聴き取れない」ことが必須。意味を追ってしまうと目の前のことに集中できません。

ビートが効いているとなお「優良ＢＧＭ」となります。クラシックにはないリズムでほどよく距離保てる上、頭の中もアップテンポになって、仕事がスピーディに進みます。

POINT

一人で圧倒的な成果を出す「集中術」

- 「メリットの小さいこと」は即刻捨てて、
他に注力する

- 何かを始めるとき、視界に入る範囲だけでも
きれいに片づける

- 「サボれない雰囲気」を作るために工夫する
（スタディバディやアプリを利用するなど）

- 「締め切りギリギリ」の状態をあえて作って
通常の2倍速で終わらせる

- その日の目標を「10分刻み」で設定し、
細かく実行する

第4章

前に進む、辛くても粘る！「モチベーション管理術」

イメージとシミュレーションで前に進む！

幼いころから続いているバイオリンをやめたいと思ったことは、一度もありません。一度くらいあるのでは、と自分で振り返ってみても、やはりありません。長時間の練習も、コンクールのプレッシャーも、やめたい理由にはなりませんでした。

なぜそのモチベーションを保てたのでしょうか。答は2つあります。

1つは、習慣になっていたから。練習が「歯磨き」と同じくらい浸透していて、バイオリンなしの生活は考えられなかったのです。

もう1つは、先を考えることが楽しかったからです。

今も私は、「できたとき」のイメージを頭に描くと迷わず前に進めます。

「こんな可能性、あんな可能性」のイメージを、常に頭に描いています。

たとえば、設立したばかりの会社が何らかの成果を出したら、「5年後にはグラミー賞が取れるかも!?」などと考えます。それくらい大きなことを考えると、やる気が出るのです。

この「イメージする習慣」は、目の前の課題を乗り越える推進力にもなります。

何かが「できる」ようになる手前には、「今はできていない」という現実があります。しかしイメージする力が強ければ、「できるようにするためには？」という思考もさかんに働きます。

イメージがゴールなら、その思考はシミュレーション。これも、私が毎日のように行っていることです。

何をどうすればゴールにたどり着けるか、できるだけ正確に頭に描きます。

その作業の中には、面白くないこと、退屈なこともあります。受験勉強はまさにその連続でした。

私はハーバードを受験する前、1万5000語の英単語をひたすら覚えました。

正直、楽しくはありませんでした。単調で、終わりが見えなくて、時間ばかりが過ぎていくような感覚も時折覚えました。

それでも「これをやったらハーバードに入れる！」と思えば、モチベーションが下がることはありませんでした。

成功イメージはリアルに、率直な願望もOK

「できないこと」と遭遇したとき、私が取る対応は2種類。

できるようになりたいと思わなければ、そのまま忘れます。

できるようになりたいと思えば、すぐに頭の中でイメージを描き始めます。

その典型例が、スペイン語の会話です。前述のテキサスで周囲の話す言葉がまったくわからなかったとき、私の頭の中はもやもや感で一杯でした。

そのもやもやを「取りたい」と感じたので、私は再びこの地を訪れる1年後までに、スペイン語を勉強しようと思ったのです。

イメージは、明確に詳細に描くのがコツ。

子どもたちとスペイン語で話す私。スペイン語でジョークを飛ばしたときのみんなの笑い声。スタッフの皆さんと交わすスムーズな打ち合わせ。イベントの盛況。そのときの参加者が将来音楽家になって活躍する姿……と、どこまでも想像を広げます。

思い起こせば、ハーバード合格のイメージもそんな風に描きました。

知的で刺激的なたくさんの友人、学業と音楽に情熱を傾ける学生生活……さらに、「受かったら友達はどんな顔するかな？」「すごーい、って言われるかな？」とも考えました。**イメージするときは変に気取らずに、ひたすら自分に正直な願望を描いたほうが効果大です。**賞賛されたい、目立ちたい、と思うのは人間誰もが持つ自然な感情。少々正直すぎるくらいのほうが、モチベーションに訴えかける力は強い気がします。

若い方はとくにそうでしょう。「世の中に貢献する自分」などという高潔なイメージは、人間的成熟を経てから持てばいいのです。

「この仕事を成功させれば皆感心するはず」「収入が上がるかも」「モテるかも」……など、素直に自由に願望を膨らませるのが得策です。

ダメ出しをされたら、理論的に対処する

このように、**成功イメージとシミュレーションで「できないこと」を超えていくのが、私のモチベーション術の基本です。**

しかし「できないこと」のなかには時折、モチベーションを損なうものがあるのも事実。たとえば、人からできない部分を指摘される、いわゆる「ダメ出し」です。

このときモチベーションにダメージを与えるのは、こみ上げるくやしさ、もしくは意気消沈、ときには指摘した相手への怒りなどの、ネガティブ感情です。

こうした感情にとらわれると、足が止まります。

ジュリアード生にはときおり、足が止まる人がいます。彼らはえてして「私が絶対正しいのに」と、自己保身とも自己主張ともつかない状態になります。その行きつく先は、「あの人キライ！」。

これは、本来の目的を見失った状態です。

本来の目的とは、指摘されたことを踏まえて事態を改善することです。ですから私はこういうとき、感情を押さえることを第一に考えます。

もっとも、友人によると私は「ムッとしているのがけっこう顔に出るタイプ」なのだそう。そんなつもりはないのですが……それはそれで仕方ありません。批判されるのは、誰しもショックなものですから。

しかし、そのショックを引きずらず、いったん脇に置きます。

その上で、理論的に考えます。相手の指摘を振り返り、どこが的外れで、どこが合っているかを分析します。

するとたいてい、「全面的に相手が間違っている」ということにはなりません。冷静に考えれば一理あるな、と思えるものです。

ビジネスシーンでも同じことはしょっちゅう起こるでしょう。

たとえば上司に「君の資料はいつも詰めが甘いんだ」と言われたとしましょう。

この場合、「いつも」が事実かどうかが一つのポイント。10回のうち10回とも詰めが甘いことはまずないもの。上司が少々感情的になっているだけだと思われます。

ここで「あの上司、いつも私を目の敵にして」などと余計なことを考えるとまた足が止まるので省略。

ついで「詰めが甘い」の内容を掘り下げます。データが足りないのか、結論がしっかり導かれていないのか、レイアウトが見づらいのか。細分化して、問題がどこにあるかをつきとめます。

あとは、その部分だけを改善すればOK。全面降伏でもなく、全面対決でもなく、解決を目指すのがもっとも建設的です。

ハーバード生は嫉妬ナシ、自慢もナシ

モチベーション維持の原動力として、「ライバルがいること」を挙げる人も多いでしょう。

しかし私は、これは両刃の剣だと思います。ライバルに勝ちたい思いが推進力になることはもちろん事実ですが、嫉妬に駆られて本来の方向性を見失ったり、負けたら過剰に意気消沈したり、といった危険もあります。

ハーバード生は、私の知る限り、そうしたマイナス面にとらわれる人はいませんでした。人に嫉妬するヒマがあったら自分の勉学や活動に集中しよう、と皆が考えていたように思います。

とくに寮の仲間はまったく別の学問分野なので、ライバル意識というよりも、お互いを尊敬する気持ちがありました。彼らの頑張りや、研究に関する独創的な視点に刺激を受け、「私も頑張ろう」と思えたものです。

同じ専攻の仲間でもそれは変わりません。分野が同じでも、目指しているキャリアは

まったく違うので、互いに応援し合う関係性でした。

「首席を取ったときはさすがに嫉妬されたのでは」と思われるかもしれませんが……。振り返れば、そのことは近しい友人にしか話さなかったと記憶しています。

首席は大々的に発表されるわけではないので、他学部の首席が誰なのかも知りません。その人たちも、周囲に大っぴらには言わなかったでしょう。

ハーバードには全体的に、成績や席次などを誇示しないカルチャーがあります。

ただし、履歴書には必ず書きます。キャリアを左右する大事なポイントなので、ここは遠慮なく強調すべきところ。こうした書類では誰もが、自分の成果を大小問わず前面に押し出します。

つまり、利点につながるならアピールする、そうでないなら無用な自慢をしないのがハーバード流。どこまでも合理的で、生産的なのです。

「ライバル心」は身を滅ぼす

ポジティブな雰囲気に満ちたハーバードでの4年間を終えてジュリアードに進んだときは、ギャップに驚かされました。

入学時のオリエンテーションで、当たり前のように「カウンセリングサービス」の紹介があったことが最初の驚き。そんなにメンタルにダメージを受ける学生が多いの!? とビックリしたものです。

学期が始まってみると、たしかに納得。「全員がライバル」と全員が思っているような雰囲気なのです。ネガティブエネルギーの多さに、少々恐れをなしました。

おいおいわかってきたのは、音楽業界がとても狭い世界である、という背景です。アメリカ全土で考えても演奏家の総数は決して多くなく、すぐに共通の知人に突き当たります。さらに、業界内に長くいると、音楽界以外にあまり知り合いがおらず、メンタル面で悪循環に陥りやすい傾向があります。

その中でキャリアを競うとなると、「評判合戦」が熾烈《しれつ》になります。

彼の演奏はどう、彼女の人柄はどう、という話がしょっちゅう飛び交い、残念なことに、それはしばしば悪口になります。その雰囲気が、プロを目指す大学院生の中にもありました。

前章で、音楽を「競技」のように捉えている学生もいるという話をしましたが、そうした学生には、とくにその傾向が見られます。

そのライバル意識が、彼らのモチベーションや優れた演奏の原動力になっていることはたしかです。しかし同時に、「音楽って楽しいもの」という原点を忘れさせてしまうものでもあると感じます。

キャリアに関わることなので仕方のない面もありますが、せっかくなら一緒に演奏する仲間との共鳴の楽しさ、素晴らしさをモチベーションにしたほうが、ずっとハッピーではないでしょうか。こう考えていた私自身がメンタルに支障をきたすことは、幸いありませんでした。

属している場所に対してストレスを感じたときは、別のコミュニティを意識するのが、もっとも手っ取り早い回復法です。

私の場合は、昔の寮のルームメイトと話したり、メッセージを交わしたりすることでそれを思い出せました。IT業界で働きつつアマチュアのオーケストラに所属しているハーバード時代の友人との演奏も楽しい時間でした。

プロが見失いがちな「音楽の楽しさ」を自分にリマインドさせると、パワーがまた蘇ってきたものです。

異質なジャンルにも積極的に関わる

ハーバード生は積極的にアピールする、と話しましたが、ジュリアード生もその点では余念がありません。

SNSを使ってセルフブランディングをする学生が急激に増加中。インスタグラムでフォロワー数を増やし、学生時代から有名になる人もいます。

私の友人も、在学中は精力的にインスタグラムを更新し、「ジュリアードでの僕の一日」といった親しみやすいコンテンツでフォロワーを増やしていました。

こうしたアプローチは、SNS時代ならではのものです。従来は、音楽家として名を馳せたいなら実績で勝負するしかありませんでした。権威のある楽団で頭角を現したり、誰もが知るホールで演奏したり。実力と才能がないと――ときにはそれらがあっても、人々の目に留まることは難しかったのです。

でも今は、その友人のように直接発信し、ファンを増やすという方法がとれます。これはとりもなおさず、すべての人が「チャンスへのアクセス権を持っている」ということです。少しの勇気さえ持てば、自分自身の魅力を多くの人に知らせることができるでしょう。

これによって、クラシックを聴く人の裾野が広がることも喜ばしいと感じます。私は「クラシックは高尚で特別な音楽」という考え方は持っていません。今の仕事でもアニメやゲームの曲を作ったり、ワールドミュージックの演奏家と共演したりと、様々なジャンルに関わっています。

もちろん、一つのジャンルが独自性を持つのは素晴らしいことです。しかしジャンルごとに孤立するのは考え物。**異質なものと触れ合ってこそ刺激を受け合い、さらに良いものが生まれるのだと思います。**

聴き手にも同じことが言えます。クラシックであれ何であれ、「興味ない」「たぶん苦手」と食わず嫌いで敬遠するのはもったいない話。日ごろ聴く音楽とは違うジャンルに触れる好奇心・冒険心があると、人生がぐっと豊かになるかもしれません。

「やっぱり苦手」で終わる可能性もありますが、「試食グセ」は持ち続けていただきたいところ。そんな方々に楽しさを届けるべく、私も精進したいと思います。

チームリーダーとしてのモチベーション管理

2年間にわたってカルテットを組んだメンバーは、多くの時間を共に過ごした大事な仲間です。

今でこそメンバーは少し変わりましたが、当時のバイオリンはカナダ人の男の子、ビオラは同じくカナダ人の女の子。この二人はなかなか自己主張の強いタイプ。チェロはアメリカ人の女の子で、一見穏やかながらこだわりは人一倍強いタイプ。

リーダーを務めていた私はと言えば、あとの3人の調整役でした。

チームの規模の大小を問わず、リーダーはチーム全体のモチベーションが下がらないようにフォローしなくてはなりません。
このカルテットでモチベーションが落ちる主なきっかけは、意見の対立でした。3人とも我が強いので何かと自分の意見を通そうとし、通らないとやる気を失うことがしばしばありました。
それを解決するためにとっていた方法は3つあります。

1つ目は、論より証拠作戦。

「こう弾きたい」「いやここはこう弾くべきだろう」ともめたら、私はすかさず「両方やってみよう!」と言っていました。ケンカする時間があったら、実際に試してみるのが早道。双方のパターンで実践すれば、彼らは鋭い感覚で、どちらがベターかつかみ取り、「やっぱりこっちだね」という風に落ち着きます。

2つ目は、腹を割って話す作戦。

1つ目の方法で解決しない場合、もう少し根の深い問題が横たわっていると考えられます。志向や音楽性の違いのほか、相手に対するもやもやした反感に駆られて何でもケチをつけている、といったこともあります。
そのときは対立した者同士、本音で語り合うよう勧めます。「もやもや」の部分を言語化して明るみに出せば、どちらかが譲るか、折衷案を探るか、といった目途もつくものです。

3つ目は、至ってシンプル。「全員共通で好きなことをする」です。

私たちは4人とも、食べるのが大好き。とくに牡蠣《かき》が大好物なのが共通点です。

ちょっと疲れてきたな、少しストレスが溜まっているみたいだな、と思ったら「これが終わったら生牡蠣食べに行こう！」が定番のセリフでした。

色々と気を配ってはいましたが、実際のところ、一番効いたのは3番目の方法でした。

やはり食べ物は、バイタリティの基本ですね。

「リーダーシップのないリーダー」は追い落とされる

オーケストラではハーバード時代・ジュリアード時代を通して、コンサートマスターを務めていました。

コンサートマスターとは第一バイオリン首席奏者のこと。指揮者が総合的な指示を出す上司としたら、コンサートマスターはその指示を受けて、細かいニュアンスやタイミングなどを他の奏者たちに伝える、いわば中間管理職です。

ここでも「調整役」をしていたことになりますが、トップに立って全体を取り仕切った経験として思い出深いのは、ハーバードの3年次で、オペラのプロデューサーを務めたときのことです。

プロの歌手を招いて上演する企画とあって、生半可なクオリティでは許されません。そのプレッシャーに加え、タイムプレッシャーとも絶えず戦うことになりました。

スタッフへの仕事の割り振りとコミュニケーション、キャストのオーディション、予算管理、進捗管理、そして練習などなど無数の仕事を、授業や課題の間を縫って行わなくてはなりません。

しかもメンバー全員、学業とプロダクションの掛け持ちで同じく多忙。タフなハーバード生たちもさすがに疲れを見せるときがありました。

そんなときこそ、求められるのがプロデューサーの主導力です。

「疲れていようが、忙しかろうが、これは何日までに、ここまでのクオリティで！」と断固たる姿勢で指示しないと、アメリカでは信頼されません。

とくにハーバード生は、誰もがリーダーになる資質と意志を持っているので、「リーダーシップを示す気がないなら、いつでも僕が取って代わるよ」ということになりかねません。

1、2年生のころは日本人らしい腰の低さがなかなか取れなかった私ですが、このころには「リーダーらしさ」を出せるようになっていました。

リーダーらしさとは、即ち自信です。自信を、「なくても見せる」ことです。「私は状況をすべて把握しています、私の言うことを聞いてください」という態度を通すことで、人がついてきます。

とはいえもちろん、ただ偉そうにしていればいいわけではありません。

私がもう一つ心がけていたのは、「やって見せる」ことです。

タイトなスケジュールを縫って役割を果たし、かつ演奏のクオリティも落とさない、つまりは率先垂範です。自らその姿を見せれば、「こうすればたしかに時間内にできるな」というノウハウを伝えることができます。そしてもちろん最大の効果は、モチベーションが高まることです。

頑張りというものは伝染します。集中力や熱意を見せて「自分たちも頑張ろう!」と思ってもらうこと、これも重要なリーダーシップの一要素です。

ヨーヨー・マの温かなリーダーシップ

思わぬきっかけで世界的チェリストのヨーヨー・マが率いるシルクロード・アンサンブルと初めて共演したのは、ハーバード3年次のこと。

この夢のような時間は、ヨーヨー・マの素晴らしいリーダーシップを目の当たりにした機会でもありました。

彼のリーダーシップは、先ほど述べたような、ぐいぐいと主導権を握るスタイルとは対照的。リハーサル中はジョークを飛ばして皆を笑わせ、演奏に関する議論は、完全にメンバーに任せる、といった和やかなスタイルです。

これは、彼自身があまりに大きな存在であることが一つの理由でしょう。

ヨーヨー・マがひとこと言えば、その影響力は他の人を圧倒してしまうはず。それを配慮して、皆が自由闊達に意見を言い合える雰囲気を作っていたのだと思います。

加えて、彼がメンバー全員の力を完全に信頼しているのがもう一つの理由。異なる個性を接触させて、その掛け合わせから生まれるマジックを彼は信じてくれていました。それを感じ取ったメンバーは、さらにモチベーションを高めることができました。

こうして、全員の優れた部分を最大限まで引き出しておいて、最高のタイミングでパッと指示を出すのです。

本番のステージ上で私がリズムを刻んでいたとき、ヨーヨー・マが、リハーサル時とは違ったリズムを弾くよう、ジェスチャーで知らせてきました。その場の雰囲気で即興的に演奏を変え、それが思わぬ効果を醸し出したときの高揚感は、今でも忘れられません。

メンバーをハッピーにすることが、彼のリーダーシップの根幹だったと思います。そばにいる人が幸せな気持ちになり、この人についていきたいと自然に思える――それは、彼の人間力あってのこと。そう簡単に真似できるものではありません。

しかしこうした、メンバーを支える形のリーダーシップ=「サーバント・リーダーシップ」は、これからのリーダーに求められる姿勢ではないかと思います。

ダイバーシティが進む中、異なる国籍・年齢・性別の人々とともに働く機会は今後激増するでしょう。

いくつもの異なる個性を上手に引き出し、掛け合わせ、人と人とをつなぎ合わせていくようなリーダーが、次代を担うのではないでしょうか。

「合わない人」もミラー効果で変身する!?

異質なものを掛け合わせることが今後の世界では不可欠、とは言ったものの、それが簡単ではないことは確かです。

「自分とは違うもの」を皆が柔軟に受け容れられるなら、世の中には孤立もいさかいも差別も戦争も起こらないはず。

しかし人はしばしば、「自分とは違う物や人」を、しばしば「自分とは合わない」と感じ、排除しようとします。これは非常に残念で不幸なことです。

だからこそ私自身は、合わない人がいても、できるだけ受け容れたいと思っています。

たとえば私は、人のアイデアに耳を傾けない人が苦手です。見下したような態度をとったり、自分だけが正しいと思っていたり、という人と接するときは「嫌だなあ」と感じます。それでも、もしその人と仕事をするなら、歩み寄ります。

まず、自分の感じ方が間違っていないかを確かめます。きちんと話せば第一印象は変わるのではないか、と考えて、少なくとも2週間じっくりコミュニケーションをとります。結果、言い方がキツいだけで実はけっこう柔軟な人だとわかった、ということは少なくありません。

しかし中には「これはダメだ」という人も。そのときも、「あなたは間違っている」と言わないのが鉄則です。ましてや「あなたとは合わない」「嫌い」といったことは絶対に口にしません。

相手を不快にさせることを言ったところで、何一ついいことはありません。意味がないので、例によって省略。

逆に、「そのアイデア、いいね」など、良いと思った点を積極的に伝えます。

そのとき私は、「相手が変わるかも」とちょっぴり期待しています。

人は、相手が自分に対してとる態度と同じ態度をとりたくなるそう。「ミラー効果」と呼ばれるこの心理、たしかに誰にも備わっているようです。

相手を認めると、心のバリアがスッと取れることがあります。この方法で、相容れなさ

を取り除いた経験は数知れずあります。

なお、その経験上感じるのは、バリアの厚さは自信と反比例するということ。自信のない人ほど、心を閉じ、人を受け容れない傾向が強めです。

ならば、その人を認めることで自信をチャージすることは、確実に有意義です。

その結果バリアが取れていく……という道筋を頭に描きつつ、その人の才能や優れた点に、目を向けるようにしています。

「テトリスアポ取り」で元気をチャージ

私にとって一番モチベーションが上がる瞬間は、友人や尊敬する人に会って、話をするときです。

学生時代の友人と会って、昔と同じく頑張っている姿を見るとこちらも元気になります。

とくに、音楽と縁のない職業に就いている友人は良い刺激です。その友人が手掛けている仕事が、不思議とインスピレーションを与え、急いでアイデアノートにペンを走らせることもしばしばです。

尊敬するメンターの方々にお会いして元気になることも。日米両方に、様々なご縁で知り合った大事な方がいます。相談に乗っていただいてヒントを得たり、その方自身の経験や知恵に耳を傾けて感銘を受けたり。

そんな私の「要注意期間」は年末年始です。

世の中は皆お休み、私も日本に帰省中。放っておくと5〜6日間オフが続いて、停滞感が充満します。

なので、ひたすら人と会う約束を入れます。朝から深夜まで、少しのすきまもなく詰める、まるでテトリスのようなアポ取りです。

会っている間は、日本の情報をとことん吸収します。

高校時代の友人なら、社会人2〜3年目の若者の暮らしや、日本の企業で若手がどういう働き方をしているのか、はたまた今時の流行りものなどについて、興味津々で聞きます。

日本在住のメンターの方々には、さらに俯瞰《ふかん》的な日本のビジネスシーンや、トレンドを聞くことができます。

懐かしさや、励まし合う嬉しさや、新鮮な情報の刺激をたっぷり得て、一日が終わるころには最高にハッピーに。

人とのご縁は、これからも私の元気の源であり続けるでしょう。

逆境のときに役立つ「第三者スイッチ」

私は、「落ち込む」ということがめったにありません。

うまくいかないことや、ハードな状況にはしょっちゅう遭遇します。自分の力ではどうにもならないような壁に突き当たることもあります。

そういうときも、何日も意気消沈したり、「自分はダメだなあ」とくよくよしたり、ということはありません。

「もともとポジティブな性格だからできることなのでは」

と、思われるでしょうか？

そうではありません。ポジティブな性格だけでは、ここまではできないと思います。

私が使っているのは、あるテクニックです。

起こった出来事を、まるで他人に起こったことであるかのように見るのです。

人からその話を聞いているようなイメージを描いたり、映画の画面を見ているような感覚でとらえたり。

いずれにせよ、そこで嫌な目にあっている人物を「私ではない」状態にして、第三者的に見るのです。

ダメージを受けているときほど、この「第三者スイッチ」は効きます。感情がリセットされて、客観的に見られるからです。

人から相談されるとスムーズに助言できるのに、自分に同じことが起こったら何も考えられなくなることがありますね。これは、感情が邪魔をしているからです。

それを取り除き、「人から相談されているモード」になれば、人にアドバイスをするかのように、事態解決の案が出てくることも多々あります。

中には、解決策の思いつかない難局もあるでしょう。その場合は、考え続けることに意味はありません。

そうなったらベッドにもぐり込んで寝るのが一番。私はいつもそうしています。ベッドに入って、電気を消しても悶々と反芻してしまう方がよくいますが、このときこそ「第三者スイッチ」を強めに発動させましょう。

「あの人、大変だなあ……」と他人事のように見れば、ダメージがずるずると後を引くことはありません。

何より、毎日全力投球で生きていれば、疲れてベッドにもぐり込んだ瞬間に考える間もなく睡眠モードに入ってしまうでしょう。

私の場合、99％の確率で自然とこうなります。

成功のときこそ、次のチャンスのつかみどき

大きなプロジェクトを抱えている間は高いモチベーションが保てるのに、終わったとたんに気が抜けてしまう、というのはよくあることです。

私の周りでも、大きなステージの終了後は燃え尽きたようになっている演奏家がちらほ

ら見られます。

しかし私は、こういうときこそ一番のチャンスだと思います。

やり遂げた瞬間とは、「報告する機会」でもあるからです。

メンターの方々や、仕事でご縁のある方に「無事成功に終わりました！」と報告メールを入れると、次の仕事につながりやすいのです。

ここで解放感や虚脱感に身を任せきってしまうのは、みすみすチャンスを逃すようなものです。

日本人はとくに、この失敗をしがち。大学入試を突破した直後の学生さんなどに、よく見られる傾向です。

日本では、入試合格はひとつのゴールと見なされています。しかし本当はスタートであり、入学後の生活こそ、社会人になるための素養を身につける重要な期間。

何をどう学ぶか、どう楽しむか、どう時間を使うか、といったことを人生の先輩に相談すると、その後の4年間が大きく変わります。

仕事の成功もしかり。

企画した商品が大ヒットしたり、営業トップ成績で表彰されたりしたとき、「社内では皆知っているから」と無為に過ごすのは禁物。社外の知人友人にひとこと伝えるのはとても有意義です。

「こういう仕事をしている人なのだ」と広く知っておいてもらうことは、この先会社を離れたあと、どんなチャンスを呼び込むかわかりません。

この習慣、日米を問わず実践している人が少ないのもこれまたチャンス。**皆が立ち止まっているタイミングで、自分だけは動く。これが次への布石であり、「頭ひとつ出る」秘訣です。**

100歳になっても、バイオリンを弾いていたい

何度か述べてきた通り、私は自分が将来やりたいことをあえて決めず、その時々に心惹かれた道を進んでいます。

しかし、音楽を一生続けていることだけは確かです。

最近感銘を受けたのは、5歳から実に80年間、ピアノを続けているご婦人です。

その方はニューヨークにある子ども向けの音楽スクールでボランティアをなさっていて、私が演奏指導に訪れたイベントの運営をされていました。

子どものころからピアノコンクールに出場、高校生のときにはプロの仲間入りを果たされたとか。しかしそのキャリアはストップさせて、今はもっぱら楽しみのために弾かれているそうです。85歳になっても手は動くし、音楽やってるときが一番楽しいとのこと。

私もそのご婦人のようにいつまでも、１００歳になってもバイオリンを弾く人生を送りたい、と強く思いました。

同時に考えたのは、そのご婦人のような方々や、かつて楽器を弾いていた方々が、いつまでも音楽と親しめる場をつくりたい、ということです。

いったん楽器と出会っても、その習い事をやめてしまえばそれっきりになってしまうことはよくあるケースです。

再び楽器に触れる機会が皆無なわけではありません。そのスクールにも大人用コースがあり、年齢を重ねて再び楽器を始めよう、という方々が集っていました。しかしまだまだそうした場所は限られています。

再び楽器を始めたい、と思ったときにすぐ戻れるような受け皿がもっと増えれば、トリオヤカルテットを組めるくらいたくさんの仲間がいれば、どんなに素敵だろうと思うのです。

誰もが一生、音楽と関わっていけるような世の中を作りたい、そうした仕事に携わりたい、と考えています。

どんな形で実現させるかはまだまだわかりません。しかしこれは「音楽の楽しさ」をあらゆる人に伝えたいと願う私の、使命ではないかと思っています。

POINT

一人で圧倒的な成果を出す「モチベーション管理術」

- 何をどうすればゴールにたどり着けるか、
  できるだけ正確に頭に描く

- 「ライバルの存在」をモチベーションアップに
  利用しない

- 異質なものと触れ合って新たな刺激を受ける

- 落ち込んだ時は「第三者スイッチ」を
  押して自分を客観視する

- 何かを成し遂げた瞬間に
  新たなモチベーションとなるものを設定する

第5章

忘れない・身につく「インプット法」

インプットの入口は「耳」だった

この章では、試験勉強や語学習得から、情報収集の仕方に至るまで、私が行っている「インプット法」を紹介します。

子どものころから、ものを覚える一番の入口は耳でした。

たとえば、今はすっかり使う人も少なくなった固定電話。家庭用固定電話の受話器を耳に当ててプッシュホンを押すと、「ピ、ポ、パ」と番号によって違う音が鳴りますね。市内の電話番号なら7~8ケタ、市外なら10ケタ程度ですから、押せば短いメロディになります。これを「おばあちゃんの家のメロディ」という風に覚えていました。

これは極端な例かもしれません。しかし**何を覚えるにしても、目だけでなく、同時に耳からもインプットするほうが記憶に強く残るのは確かです。**

英単語も声に出して覚えていました。

たとえば「Apple、リンゴ」「Bear、くま」という風に日本語とセットで唱えると、Appleという文字を見た時、「リンゴ」と言った自分の声も脳裡《のうり》に蘇ります。

英検を受けるときも、学校の試験勉強のときも、そしてハーバード合格を目指して1万5000語の語彙力強化を行ったときもこの方法を取りました。

図書館など、声を出せない場所にいるときは口の中でつぶやくようにして、頭の中で音を聞いたイメージを描きました。今もスペイン語の単語やセンテンスを、毎日小さく音読しながら覚えています。

いずれの場合も、目だけで覚えることはしません。インプットを視覚だけに頼ると、「書かれた場所だけ覚えているけれど記憶はあやふや」といったことが起こりがちだからです。

ちなみに聞くところによると、**五感のうち複数の感覚を同時に使った記憶は強く残りやすいのだそう**。私の場合なら「見る＋読む」ですし、ほかにも「見る＋書く」という方法はポピュラーでしょう。

身体を動かしながらなら、外気に触れる触覚も刺激できそうです。以前テレビで、英検合格の最年少記録に挑戦している小さな女の子が、ランニングマシン上で走りながら英単語を暗記しているのを見ました。

これも非常に良い方法だと思いました。読むときに私が口を動かしているのも広い意味では身体を動かしていることになります。歩きながら覚えるのも、頭に入りやすいはずです。

「写経」のようなノート、作っていませんか？

「目＋耳」派の私は、見ながら「書く」のはインプット法として一長一短だ、と思うことがあります。

全面的に反対なわけではもちろんありません。

覚えたいことを目で見ながら手を動かすこと自体は、記憶法としてとても効果的だと思います。

そのときの主目的が、記憶することならば、何ら問題はありません。

しかし、もし「キレイに書こう」「とりあえずノートに写そう」と思っているとしたら……その習慣、少し見直したほうがよさそうです。

キレイに書こうとする人はえてして、書くことのほうを目的にしてしまいがちだからです。「これだけ時間を使ったのだから」といって勉強をした気になったようでは、元も子もありません。

美しい字で、ゆっくりと丁寧に……これではまるで「写経」です。

行の頭をそろえて、使うペンの色を変えて……などと謎の方向に凝り出してしまう人もいます。

高校時代、何色もペンをつかって、完璧なレイアウトの美しい単語帳をつくっている級友がいました。ところが、「これ全部頭に入ってるの!?」と聞くと、「全然。これから覚える」との答。単語帳を一冊買えば、これを作るすべての時間が節約できたのでは……と思ったものです。

ちなみに**ハーバードに入ると、紙のノートをとる学生自体が消滅。全員、パソコンでタイプしていました。**

例外は、数学や化学の学生。特別な記号や化学式を使うので、パソコンでは対応できないことのほうが多かったからです。

そうした特別な場合を除けば、ノートをとる内容はたいてい文章です。パソコンを使えば手書きよりもスピーディな上、あとで目次をつけたり、エバーノートに共有して分類したり、と編集しやすいのもメリットです。私もほかの学生も、授業にペンを持参することさえなかったと思います。

書くにせよ、入力するにせよ、大事なのは能率です。「紙のノート派」の方も、キレイな字や整ったレイアウトを考えたりせず、好きなように走り書きをするのが得策です。

使えるセンテンスや文脈は丸暗記

語彙は語学習得の基盤。新しく語学を学ぶときはいつでも、単語量を増やすことを最優先にします。

一方、早い時期から短い文章（＝センテンス）に触れることも大事。基礎的な文法法則がつかめますし、単語がどのように使われるかもつかめます。

ですから初期学習は単語暗記をメインにして、サブでセンテンスに触れて次段階の準備、というイメージで進めるのが確実です。

少し慣れてきたら、センテンスに触れながら「長めの文章」を読めるようになる準備を始めます。今、私のスペイン語学習の段階はここに来ています。

ここで有効なのは、会話例をインプットすること。簡単な話し言葉が会話形式になっている文は、文章を読む準備訓練として最適です。

移動中などでスペイン語学習アプリを見るときは、8～10行程度の簡単な会話文を小さく音読し、会話の流れをつかみます。

「流れ」で理解すると、あとあと文章を読むときのコツが身につきます。

このコツをつかんでいないと、リーディングで「ある失敗」をしがちです。

それは、わからない単語が出るたびにひっかかってしまうこと。その一語にこだわると、かえって迷路に入ります。

ここはむしろ、その単語以外の部分＝全体をざっと見渡して「流れ」をつかむのが得策。何を言わんとしている文章なのかがつかめたら、その単語の意味も察しがつきますし、設問への正答率も格段に上がります。

もう一つおすすめなのが丸暗記です。

中学・高校時代は、試験前に約20ページ分のリーディングの英文を丸暗記しました。文章が長すぎるときは、重要な熟語や構文が含まれている段落だけでも覚えるだけでも効果的です。

これは試験だけでなく、後々にも役立ちます。「典型的な文章の流れ」や「典型的な構文の使い方」などが一度強く記憶されることで、他に同じ文の流れや、同じ構文が出てきたときに応用が効きます。よくある「語順並べ替え」や「適切な前置詞を選ぶ」類の問題に、非常に役立つでしょう。

「丸暗記は本当の理解につながらない」という意見もありますが、最初から本当の理解にこだわる必要はありません。

数学の公式を最初に理屈抜きで覚えれば、それを使って色々な問題が解けますね。その結果、次第に理解が深まります。

つまり丸暗記は「最初のとっかかり」として便利なのです。

文章でも、覚えたテンプレートを色々応用しているうちに慣れてきて、あとから本当の理解が追いついてきます。

難解な部分を突破する方法

どの科目も、レベルが上がるに従って、すぐには理解できない複雑な箇所に遭遇することが増えます。

そんなときの一つの方法は、本質に立ち返ること。

先ほど、公式を理屈抜きに丸覚えすれば色々な問題を解ける、という話をしましたが、今度はその逆。**理解が深まった後、いったん原点に立ち戻り、「なぜこの公式ができたのか」を考えるのは、とても有意義です。**

当然のことながら、公式には「この公式になった理由」があります。

たとえば「台形の面積」を求める公式「(上底＋下底)×高さ÷2」なら、2つの台形をいったん合体させて長方形を作り、その縦横の積を二分すれば正しい面積がわかりますよね、という理論。三平方の定理も因数分解の公式も、それぞれ同様の理論があります。

数学ができる人を見ていて時々感じるのは、「この人はどんな公式も、丸覚えではなく『理由』がわかっているのだな」ということです。

公式を分解して、なぜこのプロセスを踏むのかを考えてみると、数学の本質的な仕組みを理解できることがあります。仕組みがわかれば、いくつもの解法が見えてきます。自分なりの工夫で、ユニークな解法を編み出すことも可能でしょう。

さて、文章を読むときにはまた、別の苦労があります。

論理が複雑な場合は数学の公式と同じく、そこで使われている言葉の定義を明らかにしつつ、構成を確かめていくことが確実です。

より難しいのは、英語の文章などで「文化が違うのでわからない」場面。

「この比喩は何？　故事か神話を踏まえたもの？」

といった疑問ならネット検索で答えがわかることもありますが、

「このセンテンスは皮肉？　それとも本当にそう思っているの？」

というわからなさは、こちらの素養が足りない印。前後をもう一度読み込んで推測するか、それでもわからなければネイティブに聞くしかありません。

あとはたくさんの文章に触れて、時間をかけて知識を分厚くしていくのが一番。

英語の新聞記事を一日一本読む習慣をつけるなど、毎日英語に触れていれば、少しずつわかるようになっていきます。

そのときに備えて、わからなかった部分をメモにとっておくとよいでしょう。何カ月後かに見直して「なぜこれがわからなかったの⁉」となる瞬間はなかなか爽快です。

考えなくてもできる「マッスルメモリー」とは

音楽の世界でインプットというと、「暗譜」をイメージされる方が多いでしょう。楽譜を見なくても曲が頭に入っていて、スラスラ演奏できる状態です。

勉強における「暗記」に相当する部分ですが、音楽の場合、それを「身体をつかって弾く」という要素が加わります。

ここでキーポイントとなるのが、「マッスルメモリー」という記憶です。

マッスルメモリー、直訳すると筋肉記憶。特定の動きを何度も繰り返すと、その記憶が筋細胞内に残るのだそうです。

筋肉トレーニングをする方は、マッスルメモリーをとても重視すると聞きます。おそらくそれと同じくらい、演奏者にとっても、マッスルメモリーは重要です。

何度も何度も同じ曲を聞いて、マッスルメモリーのレベルまで叩き込むことで、「曲が自分のもの」になるからです。

中学～高校時代のバイオリンの先生に今でも感謝しているのは、10代の早い時期に、演奏家が一生の間に弾くであろうコンチェルト（協奏曲）を徹底的に教え込んでくださったことです。

メンデルスゾーンとチャイコフスキーのバイオリン協奏曲を俗に「メンチャイ」といって、これがもっとも有名な定番曲。

そのほかにも、プロの演奏活動に切っても切れない曲があります。それらをすべて挙げるとだいたい20曲。国内外の音楽院の入試や卒業試験、オーディションにも頻出するラインナップです。

これを頭が柔らかい子どものうちに覚えてしまおう、というのが先生の方針でした。

頭で考えなくとも、手が勝手に覚えていて奏でられる――マッスルメモリーにインプットして叩き込まれたことで、今も久しぶりに、それこそ10年ぶりに弾く曲でも、練習時間をそこまで取らずともその曲を自由自在に弾けます。

身体を使う仕事でなくとも、似た状況は作れるのではないかと思います。いわゆる

「ルーティンワーク」の類は、頭を働かせずに行うことができますね。

ルーティンワークは、単純作業とは限りません。たとえば「予算策定」という頭脳労働も、慣れれば一連の作業として流れるようにできるはずです。

週ごとや月ごとに必ず行う定番の仕事があれば、その最短の段取りを書き出し、その通りに毎回なぞってみてはいかがでしょうか。身体で覚えてしまえば、複雑な仕事でも「何も考えずに」スピーディに行えるようになるでしょう。

「寝起き」と「寝る前」はゴールデンタイム

本番が近づくと必ず行うのが「演奏シミュレーション」。本番のイメージを頭に正確に描きながら、通しで弾くのです。

ここでのポイントは「自分の視点」でイメージすること。演奏直前、舞台袖から見える舞台。そこから歩み出したときに聞こえる拍手の音。ステージ上から見渡す客席や、ライトの光。それらを頭に描きつつ、実際に演奏。冒頭から最後まで弾き切り、再び舞台袖に戻るところまで、忠実に行います。これを本番1週間前くらいから、毎日行います。

さて、私は再びバイオリンの先生に感謝しなくてはなりません。

先生が、このシミュレーションを「朝起きてすぐに行うべし」と教えてくださったからです。顔を洗うよりも前、寝ぼけた状態でするとよい、という勧めです。

頭が寝ぼけていて手も動かない、いわば負荷のある状態でシミュレーションすると、本番で完全にコンディションが整った状態では最高の演奏ができる、という仕掛け。このおかげで、本番ではシミュレーションのときにはない開放感と高揚感とともに演奏できています。

これは想像ですが、「寝起き」という意識と無意識の境目にいることで、演奏イメージを深く刷り込めることもメリットなのではないか、と思います。

その意味では、毎晩寝る前に行っている「復習」も効果的です。

その日弾いたものを簡単におさらいしてから寝るという習慣ですが、これがあるとないでは、翌日の調子が確実に違います。

人間の脳は、寝ている間に記憶を整理するそうです。

寝る直前に復習しながら「ここに気を付けよう」「ここはこう弾けるようになろう」と

意識したことが、翌日きちんと身についているのにはいつも驚かされます。夢の中で高難易度の部分を練習して、うまく弾く方法を見出したので起きてすぐ実践したこともありました。

「暗記もの」で同じ経験をされた方は多いのではないでしょうか。単語やイディオム、歴史の年号などを夜に覚えると、寝ている間に吸収されて、次の日には苦も無く思い出せることがあります。

中学高校時代、この効果を勉強でも大いに活用していました。

日中にわからなかった部分、間違った問題、覚えられない単語の類をメモにとっておき、夜に見直すのです。

人間には誰しも、独自の「できないグセ」があると思います。なぜか何度も忘れてしまう単語やスペル、なぜか訳し間違える構文。音楽にも、なぜか引っかかりやすいパッセージがありますし、同じ問題を何度も解くと、「前回もここで間違った」という箇所に突き当たることも。

そこをピックアップして、「今日間違ったところメモ」を一番記憶に刻みやすい睡眠前に見直すのです。

弱点克服にはもっとも手っ取り早く、効果的な方法です。

本気の調べものは英語でググるべし！

知りたいことについて情報収集するときはまずネット。

これはもう、現代人が必ず取る手段でしょう。

軽く興味を抱いた事はスマホで、しっかり調べたいことはパソコンで、という使い分けも何となくあるのではないでしょうか。

さて問題は、後者の「本気の調べもの」です。

あるトピックについて複数の記事を比較分析したい、新しいキーワードについて背景から使われ方まで把握したい、というとき、検索ワードを日本語にしているとしたら、かなり損をしています。

私は、調べものは必ず英語で検索します。なぜなら、情報量が文字通り「けた違い」だからです。

同じ単語を日本語と英語で両方検索してみると一目瞭然。検索結果の数には少なくとも10倍、多い時は100倍以上の差が出ます。

英語で検索するもう一つのメリットは、キーワード検索の方法が一定であることです。たとえば、意味を知りたい言葉があるとき、日本語でどう検索しますか? 「○○とは」と入れる方、「○○　意味」と入れる方、色々ではないでしょうか。となると「○○とは」と入れた人は、「○○　意味」の検索結果にあった情報を見逃してしまいます。

英語なら、「What is　○○」の1種類で、すべての情報が出ます。

方法を知るときも同じ。日本語では「○○するには」「○○する方法」などまちまちですが、英語なら「How to　○○」の1種類です。あれこれ言葉を変えて検索する手間が省けるので、非常に簡便です。

たとえば、私が使っているブラウザでは、「How to peel an apple」は検索結果が7200万件出ますが、「リンゴ　剝き方」では575万件、さらに「リンゴ　むき方」では256万件、とひらがなにしただけでも検索結果数が変わってしまうのです。

研究論文のときも、英語検索のほうが能率的です。論文の出典元はたいてい英語なので、一次情報に素早くアクセスできるからです。

いいことずくめの英語検索、英語のトレーニングもかねて、取り入れてみてはいかがでしょうか。

「見出しだけ」では情報を見誤る

ネットという巨大な媒体に飛び交う情報は玉石混交です。

いい加減な情報を流したり、中傷したり、それを鵜呑みにして拡散したりする発信者もいます。そうした情報に振り回されず、何が本当かを見極める力は現代人に必須と言えるでしょう。

私はよくキュレーションメディア（まとめサイト）を利用しますが、**仕事に関する調べものならば必ず出典元まで見て、信頼性の高いメディアか、データやエビデンスを伴っているか、などを確かめます。**

その「信頼性の高いメディア」も、近ごろは信頼しきれない面もあります。読者を誘導する意図を持った、偏向性のある記事もときおり目にします。

そういう意図は、たいてい見出しに表れます。

たとえば「〇〇の懸念」など主観の入った言葉が見出しに使われていたら、読者の懸念を喚起したいか、もしくはすでにその懸念を抱いている読者の支持を期待しているか、のどちらかです。

客観的事実を書いているようで、実は誘導が含まれているケースもあります。

2018年に国内外の大手メディアが軒並み大きく報じた、「ハーバード大が入試でアジア系を差別」もその一つだと私は感じています。

この一件は、アジア系米国人の学生が、SATの得点が高いにもかかわらず合格できなかったことをきっかけに、アジア系に不利な基準が設けられているとして複数の団体が大学を訴えたというもの。

その記事では、アジア系のSATの合格ラインは、白人より140点、ヒスパニック系より270点も高く設定されていると指摘されていました。

しかし、これには理由があります。学力テストだけで選べば、ハーバード生の40％以上がアジア系で占められてしまいます。これは、ダイバーシティを重視するハーバードの価値観からすると、決して望ましい状態ではありません。

「アジア人がそれだけ優秀なら、それを受け入れて当然では」と思われるかもしれませんが、そもそもハーバードは「優秀さ」の基準をペーパーの学力だけに置いてはいません。意義ある課外活動、優れた人格などを総合的に見て判断します。

そこで重要になるのが、入試で提出するエッセイです。

これは「自分で考え、自らの見解を語る力」を問うもの。SATは日本のセンター試験と同じく、選択肢のなかから正答を選ぶ形式の試験で、考える力はさほど問われません。ハーバードはエッセイの比重を高く置くことで、問題摘出力や解決力、そこに表れる個性や才能を見極めているのです。

そうした背景まで考えれば、SATの成績が良くても不合格になるのは必ずしも差別とは言いきれない——と、一アジア人卒業生として私は感じました。

しかし「racial bias（人種偏見）」と大きく見出しに書かれてしまえば、たいていの読者は「そうか、差別しているのか」と思いながら記事を読みます。中には見出しだけ読んで、鵜呑みにする人もいるでしょう。


インパクトの強い見出しであればあるほど、そのインパクトをいったん消し去ってか

ら、記事を読む姿勢が大切だと思います。

加えて、その問題に詳しい友人知人や、当事者に近い人、もしくは当事者と似た属性を持つ人などの「生の声」を聞くのも良い方法です。

書かれた事実だけではカバーできない部分、ときには数字でさえも伝えきれない読み解き方を、教えてもらえるでしょう。

最新情報を仕入れるならSNSがベスト

事実や本質を知りたい時はとことん深掘りしますが、「今どきの情報」を知りたいときは、SNSを流し見します。

たとえば、**流行りモノならインスタグラムを見るのが一番。**

お気に入りのインスタグラマーはとくにいません。ランダムに、流れてきたものを見るほうがサンプルも多く、全体像をつかみやすいと感じます。

食べ物系の情報は、友人に送って共有することもあります。「この店行きたいね！」となったら、連れ立って食べに行きます。

テック系の最新情報ならばツイッターが便利です。

また、**日本のニュースは、ヤフーニュースに1日2度ほどアクセスして把握します。業界ごとの注目のキーワードや人物を知るには、経済に特化したキュレーションメディア「ニューズピックス」を見ます。**ほか、「テッククランチ」や「ワイアード」もよくチェックします。

簡単な調べものなら、やはりウィキペディア。興味を抱いたキーワードについての全体的な情報を1ページで網羅してくれる、便利なツールです。学生時代は、課題を書くときに最初のイメージをつかむためによく利用しました。ただし引用はもちろんご法度ですし、そこまでの信頼性を期待してはいけません。

もっとも、英語版ウィキペディアの信頼性はそこそこあります。なぜなら、見ている人の数が多いので、少しでも怪しい部分にはすぐ編集・修正されるからです。

その点日本語版は、利用者が日本人しかいないので監視の目も緩く、信頼性も低め。「知識系読み物」くらいの感覚で利用するのがちょうどよいでしょう。

「頭を使わない読書」のすすめ

本は「思考や感性を刺激するもの」だったり、「実生活に役立つもの」だと、ほとんどの方は考えるでしょう。

ところが私は違います。何かを感じ取ったり、頭を使ったりするツールとは捉えていません。

例外は、学生時代に授業で使った本や、現在仕事のために読む本。これらを読むときはもちろん頭を遣います。

しかし、それらは「本」というよりは「資料」です。エッセイや論文、仕事の成果物を作るために必要な部分だけ拾って、全編は読まないことも多く、これを「読書」と呼ぶには当たらないでしょう。

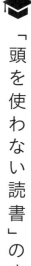

では、自分の好みに応じて読む、趣味的な読書はというと、もっぱら「考えなくていい本」を読みます。

文学作品はまず読まないし、ノンフィクションやルポもあまり読みません（ちなみにドラマも同じで、シリアスな社会派ドラマよりは、気軽に楽しめるコメディタッチのものが好きです)。

私の好みは大まかに言うと2通りです。ひとつは、実生活に反映できるような本。最近読んで面白かったのは、『Tools of Titans』。投資家のティム・フェリス氏が、各界の有名人にインタビューをして、その人のルーティンを聞き出した本です。A・シュワルツェネッガー、イーロン・マスク、マルコム・グラッドウェルといった成功者が次々に登場し、その生活習慣には真似したいアイデアがたくさんありました。

もう一つ好みのジャンルはエッセイです。

阿川佐和子さんの、ちょっとユーモラスで心温まるエッセイは大好き。ほか坂上忍さんなど、芸能界で活躍する方々の書かれた本も面白いですね。

というわけで、私の読書のコンセプトは「気軽」。

これは少数派かもしれません。

忙しく働く人は向上心が強いので、もっともっとインプットをしなくては、と思いがちです。短い合間を縫って難しい本を読もうとする方もいるでしょう。

しかし忙しいということは、頭の中に大量の情報が詰まっていることにほかなりません。ならば、脳を休ませることも必要。**緩急をつけたほうが、結局はインプットの効率も**

上がります。

読書好きな方ならともかく、「本をたくさん読まなくちゃ」と生真面目に考える方なら、その義務感はきれいさっぱり忘れてしまうのがおすすめです。

POINT

一人で圧倒的な成果を出す「インプット法」

- 目だけでなく、同時に耳からも
インプットするほうが記憶に強く残る

- 「美しい字でゆっくりと丁寧」なノート作りは
必要ない

- 公式は「使いこなせる」ようにし、
それから「理解」する

- 苦手項目や間違った問題は
メモにとっておき、寝る前に見直す

- 情報検索は情報量が「けた違い」な英語で
検索する

第6章

人を動かす「アウトプット法」

「なんでアニメが盛んなの？」にすぐ答えられるか

語る、書く、演奏する。私の日々の生活はアウトプットの連続です。言葉にせよ音楽にせよ、それらは相手に影響を及ぼすものでなくてはなりません。

この章ではそのノウハウを語りますが——まず、その大前提についてお話ししたいと思います。

アウトプットの大前提とは何か。アウトプットすべき「思考」「意見」「アイデア」がきちんとある、ということです。

実は、この部分こそが日本人の弱点ではないか、と私は思っています。

日本人は積極的に自分をアピールできないということがしばしば問題視されますが、問題は実はその前段階、アピールしようと思うような「自分の見解」がそもそもないのではないでしょうか。

たとえば、

「日本人はどうして、同意していなくてもYESというの？」
「日本でアニメが盛んなのはなぜなんだろう？」
「今の日本の経済政策をどう思う？」

といった質問に、パッと答えられますか？

「そんなこと、深く考えたことがなかった」と言ってしまうと、それが「自分の見解がない」ということになってしまいます。

これは決して「知的ではない」という意味ではありません。

むしろ、言葉にやすやすと落とし込めないような複雑さが、日本人の思考や文化には多分に含まれていると感じます。

しかし国際社会では、それを理解してもらうのは困難です。言葉に詰まった段階で、「この人、なーんにも考えてないんだ」と思われて終わるでしょう。

それは日本人として、とても悔しく残念なことです。

ですから**アウトプットの前に、まずは、考える力をつけましょう。**

今挙げたような「よく聞かれる質問」については、あらかじめ答を用意しておくのがおすすめです。たとえば……

「日本では、目上の人に反対意見を言うってことがすごいインパクトを持つんだよ」

「日本人は細かい作業が得意だからかな。あと可愛いもの好きで、物でも動物でもなんでも顔つきのキャラクターにしたがるんだよね」

「景気が上向きになったのはいいけれど、庶民の生活は相変わらずなんだよね」

など。これはあくまで一例です。皆さんなら、どう答えますか？

オリジナルな見解を考案することから、「考えるトレーニング」を始めてみてください。

「ネズミ捕りの説明書」に見る日米の違い

日本人が「考えない」理由は何か、もう少し探ってみたいと思います。

ひとつ考えられるのは、**日本の暮らしが「考える仕様」になっていない**のではないか、ということです。

突然ですが、今私の目の前には「ネズミ捕りの外箱」があります（ニューヨークではよくネズミが出るのです！）。

その使用説明書のシンプルなことといったら、驚くばかりです。

「説明書」がそもそもありません。箱に入っていたのは本体と保証書1枚だけ。

組み立て方は、箱の側面に書かれた簡単なイラスト2点だけ。そこに文字の説明はまったく付されていません。アメリカは多民族国家で英語を話さない人もたくさんいるため、説明が絵だけになっているのです。

ならば、絵だけでわかるかと言うと、その答えもNO。

「これだけじゃわからないよ！」と言いたくなるのが常です。日用品だけでなく、家具も家電も、説明書はたいてい、不親切です。

ですから買った人が自分で考えて、工夫するしかありません。

日本ではその逆です。あらゆるアイテムに、懇切丁寧な説明書がついています。

駅の乗車案内や、電車内の放送もやはり丁寧。1分発車が遅れたからといって「皆さまお急ぎのところ申し訳ありません」なんて、アメリカの地下鉄ではいちいち言ってくれません。

また、日本のバラエティ番組で「笑うべき」タイミングで大きな字幕が入ったり、番組制作側スタッフがスタジオに「笑い」を入れたりするというのも、世界的に見て珍しいことです。

つまり、社会のほうが「手取り足取り」すぎて、市民が何も考えなくても安全・快適に過ごせてしまうのです。

学校教育も、生徒に工夫させない授業が中心です。これは懇切丁寧だからではなく、採点基準が複雑になるからでしょう。

たとえば夏休みの宿題。この中で一番、生徒自身の見解を問うものといえば、読書感想文でしょう。

しかしせっかくなら、世に出て久しい名作文学の感想ではなく、もっと時流に即したもののほうが実践的です。

「新聞記事を取り上げて意見を800字にまとめよう」という宿題なら、子どもたちが自分をとりまく社会の問題に関心を持つことができるはずだと思うのです。

なおこのトレーニング、年齢を問わず非常に有意義。**アウトプットすることを意識すれ**

ば、流し見していたニュースの見え方が変わってくるでしょう。

読んでいない本も「読んだ」でOK！

ハーバードでも、時事問題についてレポートを書かせる課題はよく出ました。ひとつのトピックについての記事を3本くらい読んで意見を書く、というもの。このときは、「自分の立場を明らかにする」ということが必須。たとえば「銃規制に賛成か反対か」などについて、意見を表明することが常に求められたのです。

ディベート形式の授業になれば、そうした立場のもとに議論を戦わせることになります。

ディベートというとアグレッシブなイメージがあるかもしれませんが、実際はおおむね紳士的です。「その意見、いいね。でも僕が思うに……」という「Yes, but」で話が進みます。

ですから見た目は平和ですが、学生たちはそれぞれ必死です。発言の数と内容が、成績に反映されるからです。

その結果、最終的には激しい応酬になることも。しかしそれによって気まずくなることはありません。「発言点をとりたいのは誰しも同じだから、あれくらい言うよね」という共通理解があるのです。

なお、ディベート形式でなくとも、「発言したもの勝ち」なのは同じです。

「宿題に出したこの本、どうだった？」と問われれば、我先に感想を言います。

ここで面白いのは、かなりの数の学生が、読んでいなくても自信たっぷりにコメントするということ。

最初の1～2章だけ読んで「この部分が非常に深い示唆に富んでいました」などともっともらしくコメントするのです。**全編しっかり読んでくる学生は、むしろ少数派でした。**

これはハーバード生らしい合理性です。

本はあくまで題材であり、求められているのは見解のアウトプット。ならば全編読むよりも、「意見を出すために、印象的な箇所をつまみ読み」することのほうが目的にかなっています。

もしこれをズルいと感じられたなら、その生真面目さは脇に置いたほうが良いでしょう。「読んで来いと言われたのだから読まなくては」と実直に振る舞うよりも、発言することを優先するのが得策。

今回の場合、実際に評価されるのは、「本を読み込んで理解すること」より、「積極性」なのですから。

「質問」は的外れでもいい⁉

ハーバードの授業では、積極的に質問する姿勢も高く評価されます。

しかし質問内容をよくよく聞いていると、中には「その質問、どうなの？」というものも少なからずあります。

的外れであったり、少し考えれば自分で解決できることであったり。

そうした質問をすることに、彼らはためらいを持ちません。これまた「発言したもの勝ち」の価値観です。

そんな質問をしたら評価が下がるのでは、という危惧は無用。質問のクオリティは、意外に問われないものです。
翻って**日本の場合、「いい質問かどうか」ということに、皆が神経質になりすぎている印象を受けます**。

「この質問、ピントずれてるかな？　頭悪いと思われるかな？」
「さっきの人の質問と重複しているかな？　少し違うんだけど微妙な差だな」
「もう少し簡潔なセンテンスで質問しないといけないかな」

などと考えているうちに、時間はどんどん過ぎます。あれこれ考えずに聞いてしまったほうが、よほどスッキリします。

質問の目的は回答を得ることよりも、自分をアピールすることだ、くらいに捉えるのが、ある意味正解です。

講演会やフォーラムに出席すると、やはり学生からは積極的に質問が飛びます。会が終わった後には、講師やパネリストのもとに行って握手と自己紹介をする学生がほとんど。自分を覚えておいてもらって、将来にむけて人脈をつくりたい、という意図があるのです。

このように、アメリカでは何事も「アピール第一」。そして**アピールは、質よりも量勝**

負です。

もちろん、いつも的外れでは大問題ですが、そんなことはまず起こりません。数を打っていれば「場慣れ」してきて、クオリティは後からついてきます。最初から「バカな質問したら恥ずかしい」などと思っていては、何も始まらないのです。

NYではホームレスも話し上手!?

アピールすることへの抵抗が薄れてきたら、「内容」にも注目しましょう。

何かを話すとき、どんな内容が聴き手の心をつかむのか。

その答えは「ストーリー」です。

たとえば、私が「なぜ音楽が好きなのですか?」と聞かれたとしましょう。

①「バイオリンを弾いていると楽しいからです」

②「アメリカに来たばかりのころ、言葉の壁で苦労したんです。でも音楽を奏でているときだけは、その壁が取れるんですね。音楽を通して気持ちを伝えられたし、友達もできました。音楽って世界共通の言語だっていうけれど、本当にそうですね」

どちらが心に訴えるか、考えるまでもないでしょう。

アメリカ人はとくに、「ストーリー大好き」な国民です。様々なバックグラウンドの人がいるので、背景やアイデンティティを語るのも聞くのも好き。エピソードやストーリーを添えて語る人は、日常生活のありとあらゆるところで見られます。

ニューヨークの地下鉄に毎日乗っていると、4〜5回に一度は、ホームレスの方が乗ってきて「お金か食べるものをください」と車内で訴えます。

その訴えは例外なく、「スピーチつき」です。

「皆さん、お邪魔してごめんなさい。僕は今、住んでいた家を追い出され、2人の子どもとともにシェルターにいます。ところがシェルターには電子レンジがなくて、温かいものが食べられません。どうか僕たちのために、お金をいただけませんか」

という調子。

それが効を奏してたっぷりお金が集まる……とはなかなかならないのがシビアなところですが、**誰もが「ストーリーを語る」ことが心をつかむと心得て、実践していることに驚かされます。**

アメリカの「コネ」は実力の証

「コネ入社」という言葉に、いい印象を持つ日本人は少ないでしょう。

実力もないのに、縁故をつかっていい会社に入った……というイメージがつきまといます。

しかしアメリカでは、そうしたことはありません。

ハーバードの入試書類に、人名がずらりと並んだリストがありました。

「この人があなたの家系にいれば、チェックを入れてください」

と記載されたそのリストには、ケネディ家などの「名家」の姓が、2ページ以上にもわたって続いていました。アメリカでは「いい家系」の人が優遇されるのだ、と驚いたものです。

ではそうした家系に縁がなければ不利かというと、そんなことはありません。

強いバックグラウンドがなくても、「実力でコネをつくる」ことができるのです。

ここには、アメリカと日本の採用システムの違いが関わってきます。

日本では新卒一括採用の後、会社が配属先を決めます。学生は、どこに配属されるかは予測できないまま「会社に」応募します。

対してアメリカでは、自分の専門に基づき、「ポジションに」応募します。

ですから入社後の仕事内容をわかった上で、自分を採用すればこんな風に役立ちます、とアピールできます。

そこで学生は、リクルーティングイベントの時に、興味のある会社の採用ディレクターと顔をつなごうとします。

まず自分の専門分野と強みを話し、「私に適したポジションはありますか？」と聞いて、脈ありならばメールを交わせる関係を作ります。

これが、アメリカでいう「コネクション」の作り方です。

日本では採用システムが違うから関係ない、と決めつけるのは早計です。

ひとつの会社に一生居続ける働き方はこれから減っていくでしょう。必然的に、中途採用に応募する人は増えるはず。中途採用のシステムは、今述べたアメリカ人の採用システムと同じです。

ならば、キャリアのアピールはぜひしておくべきです。

もっと自分の能力を生かせる良い場所があるかもしれない、と少しでも感じるならば、チャンスを拾いにいきましょう。講演会、セミナー、勉強会など、見渡せば担当者と個人的にコネクションをつくれる機会はいくつも見つかるはずです。

ジュリアードで習った「エレベーターピッチ」で仕事ゲット

30秒程度で効果的・印象的にアピールポイントを述べることを「エレベーターピッチ」といいます。

たとえばあるベンチャーの経営者が、エレベーターで有名投資家と乗り合わせたときします。

目的階に着くまで30秒。さあ、自分と自社の魅力と可能性をどう伝えるか？　――という訓練を受けたのはジュリアードでのこと。

演奏家は練習場や演奏会場で、大物指揮者やディレクターと遭遇する可能性が常にあるので、こうしたトレーニングを必ず行います。

チャンスを探しているビジネスマンの方も、ぜひあらかじめこの文案を作っておきましょう。

相手を想定して、数バージョン作っておくとさらにベターです。

たとえば、私が音楽業界の大物と出会った場合なら、

「廣津留すみれです。ハーバード大学とジュリアード音楽院でコンサートマスターを務めました。現在はバイオリニストで、音楽コンテンツ制作の会社も経営しています」

もし、相手が教育のエキスパートなら、

「廣津留すみれです。ハーバード大学卒業です。ハーバード大の学生が日本の大分という街で子どもたちを教えるプログラムを設立し、もう6年続けています。どうぞこのHPをごらんください」

という風に使い分けられれば万全です。

実はこの方法で、仕事をいただいたことがあります。ゲーム音楽の制作に携わっている関係でビデオゲームのカンファレンスに出席し、その帰途に空港のラウンジで搭乗を待っていたら、日本人男性が2人、ゲーム業界の話をしてるのが聞こえたのです。

よく知っている企業名が何度も聞こえてくるのでスマホで確認すると、目の前にいるその男性こそが、その企業のCEOだとわかりました。

そこで私は2人に歩み寄り、

「突然申し訳ありません。廣津留すみれと申します。私、ビデオゲーム業界で音楽制作をしておりまして……」

と名刺を渡したところ、今そのご縁で一緒に仕事をさせていただいています。

素早く、簡潔に、自信をもって伝えるテクニックは、いつどこで役に立つかわかりません。日ごろの準備を心がけておきたいところです。

英語はとにかく「最初に結論」

「話す」アウトプットの決め手は、「独自の見解」「積極性」「簡潔さ」と言えます。

では、「書く」アウトプットはというと、「独自の見解」が同じく不可欠。

加えて、英語で書くときは「ストラクチャー（構造）」が重視されます。

それを知ったのはハーバード1年目で、ライティングのクラスを受けたときです。

この授業は英語が母国語でない学生を対象に、最初の学期で「文章の書き方」を指導するもの。

15人程度の少人数制で、エッセイを何本も書いて、先生が細かく文章の構成方法を教えてくれます。

そこでわかったのは、「英語の文章はとてもわかりやすい」ということです。

最初に結論、その具体例や詳細を語る中身、最後に再び結論。

シンプルで合理的、コツをつかめばどんな内容にも応用できることがわかりました。

英語で文章を書くと、思考もロジカルになります。

「私はこう思う（結論）→たとえば……（中身）→従ってこうなのだ（結論）」という伝え方をすると、説得力の強いロジックが組めます。

面白いことに、英語は文章だけでなく、ひとつの段落もセンテンスも「結論スタート」です。

新聞記事を見ると、段落の1文目に、もっとも言いたいことが書かれていることがほとんどです。

そして文章も、最初に主語と動詞が来ます。「誰が〜した」「これは〜である」と最初に重要なことを言ってしまい、あとの単語はその補足です。

文の最後に動詞が来る日本語は、これと対照的。一文言いきるまで全貌がつかめないので、「伝わりにくい言語」と言えます。

しかし、文章を書くときには「英語式」を応用することが可能です。

日本語の文章、とくにビジネス文書でよくあるのは、中身から書き始めて、最後まで結論を言わないという失敗です。

「こういう問題が起こっています。こういう問題も起こっています。なので、早急に○○をしてください」

と言う書き方では、読み手は最後の最後に「急いで～して」と言われることになるので、「それを早く言え」と言いたくなるでしょう。

対して、「至急○○が必要です。（結論）理由は2つあります。1つめはこう、2つめはこう（中身）→従って早急に○○をお願いします（結論）」ならばわかりやすいですね。

最初に「至急」と伝えることで、読み手は緊迫感を持ちつつ目を通すことができます。

英語のやり取りは「気遣い省略」でいい

英語圏では、ビジネスメールも簡潔です。

日本人ビジネスマンが必ず冒頭に入れる「お世話になっております」もなく、いきなり用件から入ります。

このスタイルに、日本人はしばしばつっけんどんな印象を受けるようです。

「もしかして怒ってる⁉」などという心配はご無用。むしろ、わかりやすく短時間で伝えようという親切心の表れ、ととってもいいくらいです。

会話の場合も同じです。

アメリカに来て1年目、まだ言葉に慣れなかったころは、アメリカ人の話し方にドキドキすることがありました。

こちらが話しているとき、ひと通り話し終わるまで、彼らは一度もうなずかないのです。日本人なら、少なくとも1文ごとにうなずいてくれるのに……と、最初は、かなり不安でした。

しかし慣れてくると、英語のシンプルさは非常にコミュニケーションを円滑にすることがわかってきました。

演奏の場面ではとくにそうです。

「そこ、もっと速く弾いて」「そこ、もう少し小さくして」と言えば、日本ではキツい人だと思われます。そこで「そこ、もっと速いほうがいいかもしれない」「そこ、もう少し小さいほうがよくない？」などと婉曲《えんきょく》にする語尾をつけるわけですが、これを英語にするとかなり不自然です。

人に頼むときにいちいち「I guess（かもしれない）」を付ける人などいません。英語なら、Can you play faster? のひと言で済みます。それが先輩であっても同じです。目上目下、年上年下に関わらず使う言葉はほぼ同じなのも有難いところです。

「熱く語る」くらいが世界標準

私のホームページに載せているブログには、日本語版と英語版があります。どちらも「廣津留すみれ」という人間とその活動内容について知っていただくためのものですが、書く内容は、少し変えています。

英語版ではまず、出来事や事実を確実に書くことを心がけています。

その際に、自分がこう感じた、こう考えた、なぜなら……ということを細かく、ある意味「真面目に」書きます。

結果、英語版のほうが、感情に訴えかける内容が多くなります。日本語版では事実を同じように伝えるにしても、たわいないおしゃべりに近い雰囲気にまとめます。

おそらく、英語版に書いていることをそのまま日本語にして載せると、「熱い人」だと思われるでしょう。

では私が熱いキャラなのかというと、そんなことはありません。

日本人の皆さんも、感じたこと、考えたことをそのまま全部話せば、熱い人に見えるだろうと思います。

つまり日本人は、「私はこういう人間である」「私はこう思っている」ということを、語らないのが基本なのです。露骨にものを言わない慎み深さが美徳とされているからでしょう。

しかし、もし私が日本語で書いている内容を英語版に乗せれば、「何も考えてない人なのね」となるはずです。

日本人の慎みはともすると、会話の深みや濃さを損なうと思います。

たとえば映画を観た後、その感想を真面目に語ると「暑苦しいと思われそう」と思って、当たり障りのない会話だけ交わすことはありませんか？

外国人と話すときは、そのフィルターを外しましょう。きちんと物事を考えている**人であることを伝えるには、「熱く語るくらいがちょうどいい」のです。**

日本人の「当たり前」、海外ではビックリ！

日本人として外国人と接する際、どんなことを「日本人らしさ」としてアピールしたいと思いますか？

絵画や建築、芸能などの伝統文化でしょうか。

経験者としては、それを話す機会は意外と少ない、と言わなくてはなりません。

私は歌舞伎の大ファンで、その魅力を詳しく、楽しく語る自信があるのですが、今までアメリカ人に語った機会は数えるほどです。

日本の歴史や伝統に興味を持って質問してくる相手でないかぎり、さほど「インパクトの強い話題」にはならないでしょう。

日本をアピールするなら、アメリカでポピュラーな文化と重なる部分で、かつ日本らしさが現れているポイントを語るのがベターです。

たとえばゲーム、たとえば漫画。これならアメリカ人にもある程度予備知識がありま す。アメリカのゲームやコミックとの違いや、日本人の独創性や技術について、リアルに伝えることができます。

ほか、意外なところで大きなインパクトを与えるのが家系の話。

「両親も祖父母も日本人」と言うと、ニューヨークでは驚愕されます。

アメリカは多民族国家なので、2世代全員が同じ民族ということはまずありません。同じアメリカ人でも、ドイツ系、中国系、スウェーデン系、ありとあらゆる国の血が混じっています。

何度も、現在に至るまで何度も移民が渡ってきている国なので、祖父母が別の国にいることもザラです。「自分のおじいさんと言葉が通じない」という人はしょっちゅういます。

ですから「家族が全員日本にいて、アメリカにいるのは私だけ」と話すと「ええっ⁉」と言われます。

私のほうこそ驚きでした。日本では当たり前のことが、世界では珍しいのだ、小さな島にひとつの国民が住み続けているということは、世界史上でもレアなことなのだと、改めて知りました。

以来、インタビューを受けたり、自分で記事を書いたりするときは、このことを折に触れ伝えるようにしています。端的かつユニークに、「日本人らしさ」を出せるポイントだと思います。

学校の「お掃除」は日本のいい習慣

日本の「良いところ」を伝えたいなら、「礼儀正しさと綺麗好き」も良い切り口だと思います。

日本人の子どもと接していると、アメリカ人よりもはるかにお行儀が良いと感じます。

アメリカ人の子どもは平気で食べ物で遊んだり、イスに座って脚をテーブルに投げ出したりすることがあります。

しかし大人は誰も叱らないのです。うるさくしつけを言うよりも、のびのび育てたい、という考えなのでしょう。

それもたしかに一理あります。のびのび育つからこそ、恥じらったりせずに堂々と発言できるわけですし、敬語や細かな挨拶や婉曲表現などがない言語は、直截で円滑なコミュニケーションにつながっています。

しかし、日本人の行儀のよさや折り目正しさも、かけがえのない美質です。とくに素晴らしいと思うのは、公共空間を綺麗に保とうとする意識です。

日本人は、よほどマナーの悪い人でない限り、外にゴミをポイ捨てすることがありません。海岸やスポーツ競技場では、「ゴミを持ち帰ろう」という呼びかけが自然発生的に生まれます。

その点、アメリカ人のマナーは良いとは言えません。道にゴミを捨てるのも平気、誰かが掃除してくれるだろう、と考える人も大勢います。

日本人は小学校・中学校で生徒自身が学校の掃除をするので、公共の場所をむやみに汚してはいけないという意識があるのでしょう。アメリカでは小学校でも中学校でも、生徒が自分で掃除をするシステムはなく、それは業者さんの仕事です。

「日本では小学校や中学校の清掃は生徒の役割」

「給食の配膳も生徒が持ち回りで行う」

と話したら、これもきっと驚かれるはず。

実際、これを特集した英語の短いニュース映像が一時期Facebookで世界中にかなり拡散され、賞賛のコメントで埋め尽くされたことがありました。これを入口として、日米のマナー談義に花を咲かせるのも面白いかもしれませんね。

「愛想のいい演奏」は伝わる

最後に、音楽において「伝わる演奏」とはどのようなものかについてお話ししようと思います。

まず、技術と表現力というものは、かなりシンクロするものです。

たとえば弱音記号の「ピアノ」。pという文字で「弱く弾く」ことを表す記号ですが、優れた演奏家は、その音量を何百種類も使い分けられます。どれくらいの弱さで弾くのがふさわしいかを考え、イメージした通りに弾く巧緻性《こうち》、その効果を最大限に出す創造性を持っています。

では技術が優れていれば伝わるかというと、そこにはもう少し、プラスαの部分が必要です。

いくら技術が素晴らしくても、「愛想」のない演奏はダメだ、と私は思っています。

もっと上手な人はいるはずなのになぜか目が離せない、聞き入ってしまう――そんな演奏には必ず、愛想があります。

では愛想とは何だ、と問われると難しいのですが……。

「本人が楽しんでいること」と、「聴く人に楽しんでもらおうと思っていること」の2点がそろっていれば、愛想のある音になると思います。

ちなみにそういう演奏者は、表情も豊かです。シリアス、重厚、軽快、ユーモラス、楽曲の雰囲気に合わせて本人の顔つきも変わります。とくに、面白いパッセージが出てきたときには無意識に微笑みが出ることも。

私もこういうときにフッと笑顔になってしまうのですが、そのとき同時に、弾いている私の楽しさがお客様に「伝染」すればいいな、と思っています。

笑顔になった私を見た瞬間、見ている方も「このバイオリニストは楽しんでいる」と感じるはず。それが一種のきっかけになって、今そこで奏でられている音楽そのものの楽しさに気付くことがあるだろうと思うのです。

笑顔にはもう一つ、私自身の「美学」があります。

本番の舞台に立つまでは、膨大な練習を重ねた努力の期間があります。しかしその過程を見せず余裕で笑顔を見せられたら最高に素敵だと思うのです。

「精魂尽くして颯爽《さっそう》たり」という言葉が、私の座右の銘です。

苦も無く高いレベルの演奏ができるくらい、精魂尽くして努力する。

その努力の跡をかけらも見せず、颯爽と笑顔で演じる。

そんな演奏家でありたいと、いつも思っています。

POINT

一人で圧倒的な成果を出す「アウトプット法」

- 「いい質問かどうか」は関係ない
「発言したもの勝ち」と理解する

- 何かを語るときは「ストーリー」を必ずつけて話す

- 「エレベーターピッチ」を
いつでもできるようにしておく

- 伝え方は、最初に結論、その具体例や詳細を語る中身、最後に再び結論、の順番で

- 日本人は「熱く語る」くらいで
「世界標準」となる

第7章

グローバル時代の「学び方」

ボーダーレスな時代をどう生きる？

「日米両国に拠点を置きつつ、世界中に音楽の楽しさを伝える『架け橋』のような存在になりたい！」

これが、最近までの私の願望でした。

今は、グローバル社会において「架け橋」という働き方が果たしてベストなのかわからない、と思っています。

誰もが、国外の情報にアクセスできる時代です。自分の国の自分の部屋にいながら、遠い国の会社の社員として活躍する人もいます。

そんな未来に即した働き方があるかもしれない、ないなら作れるかもしれない、そんな風に思うのです。

「世界中に音楽の楽しさを伝えたい」気持ちは不変。しかしその方法は、随時書き換えていくことになるでしょう。

私は今、社会が絶え間なく変化するさまを、つぶさに感じています。

それを私に知らせてくれるのは、ハーバード時代の同窓生たち。

政界、法曹界。金融界、テック業界など様々な世界に身を置く友人たちと話していると、お金も情報もコミュニケーションもどんどん境界を失い、「ひとつの世界」になりつつあると感じます。

その中で、私たちはこれからどんな風に自分の知識や考えを育てていけばよいでしょうか。

この章では、私が考えるその方法を5つ、紹介します。

学び方① ——長期計画を立てずに専門性を磨く

「10年後はどんな仕事があるかわからないから、長期計画は立てないほうがいいよね」

と語ったのは、コンサルティング業界にいるハーバード時代の友人です。

今の職業がいつまであるかわからない。別の職業ができるかもしれない。そこにフレキシブルに対応できるようにしておこう——。

私や彼女を含め、ここ10年のハーバード卒業生たちの多くが、このような考え方の元に、キャリアを積んでいます。

彼女はいずれ、大学院に戻るつもりでいるようです。多くの学生が、いったん就職してから再びハーバードに戻り、専門性に磨きをかけるのです。

学部卒業後に直接大学院に移らず、いったん就職するのは、資金をつくるためです。アメリカの学生はたいてい、大学の学費を自分で払います。学部在籍中は学生ローンを利用、学部卒業後は金融やコンサルなど、比較的早く資金の貯まる業界で働き、返済と大学院の学費を用意するのです。

大学院を出た後のコースは様々。金融系の卒業生は「ゴールドマンサックスのトップを目指す」などの、大企業でのポジションアップを志向する人が多いですが、それ以外の分野では、テック系はとくに「スタートアップ」——起業をさかんに口にします。

自分がつくった会社なら、そのとき世の中がどう変化していても、そこに合わせたビジネスモデルをつくり出すことができるというわけです。

私自身も、その一人です。

エンタテイメント系のビジネスは、時代の変化に対して強靭《きょうじん》だ、と私は思っています。

音楽ストリーミングサービスが普及して、どんな音楽も無料で聴けてしまうようになる一方、演奏会場に足を運んでライブを楽しむ人が今、ジャンルを問わず、増えています。これは人間の、自然な欲求だと思います。

今後、AIが作曲し、機械が奏でる曲ができても、それをライブで観たい人はいないはず。ロボットが演じる演劇となればなおさらです。生身の人間が演ずるからこそ、皆、見に来るのです。そう考えて、私はエンタテイメント会社を設立しました。

学び方②
――自分の国に何をもたらせるかを考える

「国を背負って来ている」という使命感を抱いている学生も、多くいます。

2年前のSummer in JAPANに参加してくれたケニア出身の学生もその一人。

彼女は、可能な限り多くのフェローシップに応募して、世界中を見て回るのだ、と言っていました。学校の奨学金を得てヨーロッパに1学期だけ留学したり、そのまま長く旅に出たり。そこで得た見聞を故郷に持って帰るのだそうです。

裕福でない国や政情不安定な国から来た学生は、母国に役立つ知識を得るべく、経済学などの実際的な学問を選ぶ傾向が強かったように思います。トルコ人の友人も、個人的には歴史に興味があるけれど、親の命に従って経済を学ぶのだ、と語っていました。

また、Summer in JAPANに参加してくれたブラジル出身の友人タバタは、母国の教育を改革したいという夢を在学中から情熱を込めて語っていましたが、2018年秋、連邦議会に立候補して見事議席を勝ち取りました。

「弱冠24歳（当選当時）の議員、タバタ・ポンテス」として一躍世間の注目を浴び、雑誌の表紙も飾ったのだとか。

すでに彼女は政治家として、世界の表舞台に躍り出るステップを踏み出しています。

こうした学生たちは、一種圧倒されるような覚悟と気迫を持って学びに来ています。

自分の国に貢献するという視点は、恵まれた日本人が、つい見落としがちな視点です。

しかし思えば、日本もグローバル社会の波に乗りあぐねているという意味では、ひとつの危機にあると言えます。その中で、自分のできることは何か——彼らを見ながら、私も自問を重ねています。

学び方③――人生の選択肢20倍!?英語はやはり必須

「どうしてこんなに日本人が少ないのだろう」

アメリカに住み始めた時から現在に至るまで、ずっと抱いている思いです。

ハーバード入学時、1学年約1600人のうち、日本人は私を含め3人。4学年合わせても10人足らずでした。ハーバードでアジア系の学生が年々増える中、日本人の数はまだまだ少なめです。

これは、日本人が国外に出たがらないことが一因でしょう。

日本は安全でサービスの行き届いた、居心地のよい国であることは確かです。しかしそれが一方で、日本を「閉じた国」にしているきらいもあります。

テクノロジーを中心に素晴らしい人材が揃っているのに、日本でしか使えないものばかり開発されていたり、現金しか使えない店が多かったり。そうしたところにも、特有の閉じた空気を感じます。

言うまでもなく、もっとも顕著なのは、英語力で立ち遅れていることです。

英語は、全人類70億人のうち約20億人が話す、世界最大の言語。英語が話せるようになれば、日本の人口1億強の20倍の人と言葉が通じます。暮らせる国や地域も激増し、人生の選択肢が一気に広がります。

「でも語学を一から覚えるのは苦手」と感じる方も多いでしょう。

しかし英語を話す20億人のうち、ネイティブは4億人足らずだということをご存じでしょうか。それ以外の人は母国語を別に持ち、あとから英語を覚えた人たちです。

その人たちにできたことが、日本人だけできないはずはありません。**「英語が不得手な日本人」という国際イメージから、そろそろ本気で脱却をはかりたいところです。**

ちなみに都会においては、少しずつ海外に目を向ける若者や子どもが出てきています。しかし地方では、生まれ育った街だけを見ている人も多数。Summer in JAPANも、本来は大分の子どもたちにグローバルな学びを提供すべく始めたプロジェクトなのですが、参加希望者の比率は都会や海外からの子どもが高めです。親の意識も、都市部と地方とでは大きく違うようです。

学び方④——ITスキルを家庭で教えよう

地方に住んでいても、ネットを使えば世界中の情報を取りに行けるこの時代。本当なら、都会と地方の情報量の差は、なくなってしかるべきです。

ところが現実にそうなっていないのは、ITを使いこなせる人が少ないからです。

公共機関でもITの浸透は遅れています。とくに役所の手続きは、紙に手書きで記入して押印するスタイルが主流。外国ならばオンラインですべて済ませられることなのに、日本だけは、アナログ時代で時が止まっているようです。

ハーバードでは、学生たちがデジタルツールを自在に使いこなしていました。スケジュールもタスク管理もデジタル、チームでの作業はGoogleドキュメントで情報共有。ルームメイトの実家に遊びにいったときは、小学生の妹がパワーポイントでスライドを作っているのを見て驚きました。公立小学校で行うプレゼンの授業に使うのだそう。

それに対し、日本ではいまだにパソコン持ち込み禁止の高校があるという遅れぶりです。高校や中学の先生たちに、「アナログ主義」の世代がまだいらっしゃるのでしょう。

個人的には、もはや学校でのスマホ使用も許可すべきご時世だと思います。

アメリカでは、ご年配でもＩＴに馴染んでいる人は多数。生徒とGoogleカレンダーをシェアしてレッスン時間の管理をする70歳の教授もいました。

これらの差は、放置するとますます広がるでしょう。

私たちにできるのは、一人一人が、ＩＴスキルを身につけること。

ビジネスマンの方ならば、仕事をする中でスキルを得た方も多いでしょう。

そのスキルを家庭でお子さんに教えるのは、ひとつ有効な手だと思います。

「パパはこんな風にプレゼンの用意をするんだよ」

と、お子さんの好奇心を刺激してみてはいかがでしょうか。

学び方⑤
——目指すは「幸福をつくるアイデア」

私が将来実現させたいことはいくつもありますが、その一つが、ミュージシャンのフェアな報酬体系を整えることです。

現在、演奏家の多くは、その働きに見合う報酬を得ていません。

プロモーターやレーベルと分配する比率は、公平なものとは言い難いのが現状です。またアメリカでは、トランプ大統領の時代になってからは国が文化的活動に割く予算も削られ、ますます悪影響をもたらしています。

その一方で希望もあります。ブロックチェーンを使ってお金の流れを透明化し、フェアな形で報酬が演奏家に届く仕組みをつくるベンチャーが現れ始めています。

ブロックチェーンとは、仮想通貨の基盤になっている技術です。取引履歴が刻印されたブロックを鎖のようにつなぐ作業を、ネットワーク上で参加者全員が監視し合うことで、改竄《かいざん》が防止できます。中央機関が存在しないため、不利な手数料も発生しません。

技術の進歩というと、「人間の仕事が奪われる」といったネガティブな連想がうかびがちですが、技術はこうして、人の仕事を守ることもできるのです。

その技術がかつてないほど発展している今、世の中をハッピーにできるアイデアも、これからもっと生み出せるはず。それを考えつくのは、今を生きている私たち、地球民全員の役割です。

グローバル時代と言われつつ、一方では分断の動きも見られるこの世界。

「幸福」や「公平」、「平和」をつくり出すようなアイデアは、今後の世界の主役になる可能性があります。

その流れに参画できるようなキャリアは、きっと誇りとやりがい、そして変動の時代を生き抜くことへのわくわくに満ちているでしょう。

私もまた、その流れに加わっていたいと思います。

POINT

一人で圧倒的な成果を出すグローバル時代の「学び方」

- 「10年後」の長期計画はいらない、
まずは専門性を磨く

- 「自分の国に貢献するという視点」を常に持つ

- 人生の選択肢が20倍に広がる「英語」を
しっかりと身につける

- 「アナログ主義」を捨て、
ITスキルを身に着ける

- AIは「人間の仕事を奪う」ものではなく
「人を新しい世界に導くもの」と理解する

おわりに

ハーバード時代、私の何倍もの仕事量をこなしているのに澄ました顔をした先輩がいました。

学生団体の部長を務めてイベントをオーガナイズしつつ、学生オーケストラではバイオリンを上手に弾き、応用数学の専攻で院生レベルの授業を取り、さらに大学4年目には取得単位が多すぎて本来ならプラス2年かかるはずの大学院の学位まで取得してしまったという、いわゆる「超人」です。

それなのに、週末には友人仲間とキャンパス内の交流イベントに積極的に参加したり、「リーグ・オブ・レジェンド」というPCゲームを夜通し楽しんだりと、私は彼が忙しそうにしているところをまったく見たことがありませんでした。

入学当初の私といえば、慣れない米国生活に、終わらない課題とバイオリンのリハーサルにてんてこまいで、しまいにはトリプルブッキングしてしまい、1時間の用事に20分ずつ顔を出す、そんな生活をしており、先輩とは正反対。

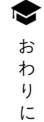

そんなある日、相談に行った私に先輩が言った言葉は、
「時間は、つくるものだよ」
のひとことでした。

人には24時間が平等に分け与えられている、とはよく聞く言葉ですが、その24時間を「つくる」というのは私にとって新しい考え方でした。

「この仕事を5分刻みでやっつけてしまえば、今日あと3時間残っている。その3時間で練習して課題すれば○時までには寝られる……」

という考え方ではなく、

「コンサートを成功させるために、今日練習に必要なのは3時間。そのためには残りのタスクをこう時間配分しなければならない。そうすると頼まれていたこのイベントのタスクは中途半端になるから断らなければならないな」

と、自分の優先順位のために必要な用件のみを判別し、時間設計をする考え方。

未来のパニックを予想して防止することまでできるので、トリプルブッキングなんて当然起こらなくなります。

時間は子どものころから優先順位式でしっかり管理していたつもりの私でしたが、さらに優先順位の高いタスクを低いタスクとトレードオフ↓仕事リスクを回避し、優先度の高い案件を成功に導く、というハーバード流の時間の作り方はまさに目からうろこでした。

この本を通して皆さんに伝えたかったことは、24時間をどう使えば自分の望みを叶えられるか、ということです。その上で必須な3点セットは、

①無駄を切り捨てる　②時間を濃く使う　③与えられた時間の中で努力する

さらに、時間を「つくる」テクニック、つまり「目に見えていない将来のリスクを見える化し、回避する」これを加えると、自分が集中したいことがはっきりとしてきます。今のあなたの人生の優先順位を考えるきっかけになれば本望です。

たとえば25歳の今の私は、仕事に没頭して始めたばかりのビジネスを成功させることが優先事項。でも、読者の皆さんの中には、家族ともっと時間を一緒に過ごしたい、第一志

望の学校に受かって親を喜ばせたい、ギターを弾けるようになってあの子にモテたい、フルマラソンを走りきりたい、と読者の皆さんの数だけ異なる目標があるでしょう。

あなたが人生のどの地点に立っているとしても、どの目標にも応用できるのが、時間の使い方。前述の先輩が週末の友人との時間を大切にしていたように、日常の無駄を削ぎ落とすことで夢へ投資できる時間が増えます。その中で、本著に述べたようなモチベーション管理法などの細かいテクニックを実践してみていただけたら、効果をより実感できるはずです。

大分の実家で「独学でハーバードに入学しよう」と決意した高校2年生から、ハーバードとジュリアードを首席卒業した今に至るまで、様々な葛藤がありました。

しかし、それを乗り越えたことで自信がつき、今、最高の人生のスタート地点に立てています。

ここからが人生本番、読者の皆さまが夢を叶える姿をイメージしながら、私も同じく自分の目標に向かって走りたいと思います。

最後になりましたが、初めてのことばかりだった私を常に笑顔で導いてくださった担当編集の小川謙太郎さんと取材・構成でお世話になった林加愛さんには、心から感謝申し上げます。

二〇一九年二月

廣津留すみれ

廣津留すみれ（ひろつる・すみれ）
バイオリニスト。Smilee Entertainment社 CEO。
1993年大分市生まれ。小中高まで地元の公立に通い、2012年ハーバード大学に現役合格、2016年に首席で卒業。ジュリアード音楽院の修士課程に進学。2018年に首席（William Schuman Prize）で卒業後、ニューヨークで起業。バイオリニストとして世界的チェリスト・ヨーヨー・マとの度々の共演やゲーム「ファイナルファンタジー」シリーズのサウンドトラック録音など、ジャンルにこだわらず幅広く活躍。連載『ハーバードからの手紙』『ジュリアード@NYからの手紙』（日経カレッジカフェ）では槇原稔元三菱商事会長、猪子寿之チームラボ代表らへのインタビューで注目。2013年より毎夏大分でハーバード大学生による小中高生向け英語セミナー「Summer in JAPAN」を開催するなど、多方面に事業を展開中。ニューヨーク在住。

Twitter & Instagram: : @sumire_vln

ハーバード・ジュリアードを首席卒業《しゅせきそつぎょう》した私《わたし》の
「超《ちょう》・独学術《どくがくじゅつ》」

2019年2月15日　初版発行
2019年3月10日　再版発行

著者／廣津留《ひろつる》　すみれ

発行者／川金　正法

発行／株式会社KADOKAWA
〒102-8177　東京都千代田区富士見2-13-3
電話　0570-002-301（ナビダイヤル）

印刷所／大日本印刷株式会社

KADOKAWAカスタマーサポート
［電話］0570-002-301（土日祝日を除く11時～13時、14時～17時）
［WEB］https://www.kadokawa.co.jp/（「お問い合わせ」へお進みください）
※製造不良品につきましては上記窓口にて承ります。
※記述・収録内容を超えるご質問にはお答えできない場合があります。
※サポートは日本国内に限らせていただきます。

定価はカバーに表示してあります。

ISBN 978-4-04-604033-6 C0030